本书获德州学院学术出版基金资助

德州地域文化研究丛书·第五辑
地方文化检索与利用丛书（第二辑）

任继愈任继周学术著作提要

孙秀惠　张淑红　张宝泉　著

新华出版社

图书在版编目（CIP）数据

任继愈任继周学术著作提要 / 孙秀惠，张淑红，张宝泉著.

北京：新华出版社，2021.5

ISBN 978-7-5166-5835-2

Ⅰ.①任… Ⅱ.①孙… ②张… ③张… Ⅲ.①任继愈—著作—内容提要

②任继周—著作—内容提要

Ⅳ.① Z89

中国版本图书馆CIP数据核字(2021)第088206号

任继愈任继周学术著作提要

作　　者：孙秀惠　张淑红　张宝泉

责任编辑：董朝合　　　　　　　　封面设计：徐占博

出版发行：新华出版社

地　　址：北京石景山区京原路8号　　　邮　　编：100040

网　　址：http://www.xinhuanet.com/publish

经　　销：新华书店、新华出版社天猫旗舰店、京东旗舰店、京东旗舰店各大网店

购书热线：010-63077122

排　　版：杨　静

印　　刷：河北鑫兆源印刷有限公司

成品尺寸：170mm×240mm

印　　张：26　　　　　　　　　　字　　数：310千字

版　　次：2021年11月第一版　　　印　　次：2021年11月第一次印刷

书　　号：ISBN 978-7-5166-5835-2

定　　价：112.00元

序

　　《地方文献检索与利用丛书》（第二辑）是德州地方文献研究中心（德州学院十三五规划重点研究中心）联合德州地域文化研究中心共同组织撰写的一套关于地方文献检索与利用的丛书，也是德州学院"十三五"重点学科课题，这套丛书填补了国内此领域的一项空白。

　　德州地域文化研究中心成立于2005年，十余年来，德州地域文化研究中心积极参与德州城市文化建设，开展地域文化研究，先后编纂出版《德州地域文化研究丛书》四辑，计44册，为构建德州特色文化品牌，提升文化软实力和城市形象，建设区域文化高地，促进德州文化产业发展作了重大贡献。2013年，德州地域文化研究中心被确立为德州市首批社会科学研究基地；2017年，又获批山东省"十三五"高校人文社会科学研究基地。

　　德州地方文献研究中心是德州学院联合德州市委、市政府、市群团组织、市新闻单位、德州军分区等相关部门共同建设的校级学术研究服务机构。该机构的成立旨在积极有效地组织德州地方文献的收集活动，积极开展德州地方文献资源的交流与研究，建成反映德州地域特色的文献总库。该中心成立于2015年12月，其主要职责为以下五点：一是建设包括馆藏实体资源和网络虚拟资源在内的德州地方文献信息资源，对资源进行科学加工整序和管理维护；二是做好流通阅览、资源传送和参考咨询工作，积极开发文献信息资源，开展文献信息服务；

三是组织和协调校内外的德州地方文献信息工作，实现文献信息资源的优化配置；四是积极参与文献保障体系建设，实行资源共建、共知、共享，促进事业的整体化发展；五是积极开展各种协作、合作和学术活动。

组织开展关于地方文献的收集、整理和研究是德州地方文献研究中心的重要职责之一。德州地方文献研究中心于 2016 年组织德州学院校内外专家、学者撰写了《德州旧志校注丛书（第一辑）》（共 10 册）；2017 年组织编写了《德州地方文献导读》（一册装）（德州作家作品目录提要、任继愈学术成果书目提要、《德州日报》地方史志文献索引、德州地方文献研究中心藏书目录、地方文献研究综述）。

2018 年初，德州地方文献研究中心开始策划撰写《地方文献检索与利用丛书》，2019 年已出版《地方文献检索概论》《德州历代要籍题录与资料索引》《现当代文学导读书目（德州当代作家作品提要）》，2020 年又出版了《德州新方志概要》《德州非物质文化遗产项目资料述要》《地方高校图书馆文化建设》。此次计划出版《德州谱牒文献概要》《任继愈任继周学术著作提要》《德州地方文献联合目录》《德州地方专题文献索引》《地方文献阅读推广新论》《地方高校图书馆微服务体系概论》。

此项工作得到了德州学院校领导、德州学院科研处等相关部门的大力支持与帮助，得到了季桂起教授、张明福研究员等区域文化研究专家的指导，在此深表感谢。

本书编委会

2021 年 3 月 9 日

《任继愈任继周学术著作提要》凡例

一、编写本书目提要的目的

一是研究任继愈先生、任继周先生的学术生平和思想，弘扬任继愈先生所代表的时代精神和学术方向，促进对大学生的爱国主义、共产主义理想信念教育。二是为研究任继愈先生、任继周先生的图书馆、纪念馆、研究者等文献机构及个人查找文献提供方便。

二、收录范围

1. 本书目尽可能收录 1944 至 2020 年间出版的任继愈著作、任继周著作及任继愈先生、任继周先生担任主编的著作。凡不同出版单位、不同出版时间、不同开本、不同装帧等，均作为不同版本收录。

2. 收录将任继愈著作、任继周著作与他人著作合编在一起的版本。

3. 不收单篇学术论文，不收音像资料。

三、著录项目

本书目的著录，包括书名、著者、出版发行、载体形态、丛书名、提要、目录七个项目。

1.书名：包括书名、副书名和说明书名的文字；

2.著者：包括著者、编者、译者，三人以上合著合编的，只著录第一、二人姓名，后加"等"字；

3.出版发行：包括出版地、出版者（或发行者）、出版年月。

4.载体形态：包括册数、页数、开本、价格等；

5.内容提要：包括版本的内容、修订、沿革等。

6.ISBN/价格、丛书名、内容提要、目录等没有的或无从查询的，均空缺。

四、分类与编排

所有条目先按中图法大类体系进行分类，在分类的基础上，以出版时间降序排列；出版年月相同的，按书名的拼音字母排列；只有年份没有月份的，排在当年的年头；多卷书按卷序排列。

目　　录

第二编　任继周学术著作提要

第一编 任继愈学术著作提要

第一章 任继愈先生生平简介

任继愈（1916.4-2009.7），男，汉族，山东平原人。著名哲学家、宗教学家、历史学家，曾任国家图书馆馆长、名誉馆长。2009年7月11日逝世，享年93岁。

任继愈1934年考入北京大学哲学系，1938年毕业。1939年考取西南联大北京大学文科研究所第一批研究生，师从汤用彤和贺麟教授攻读中国哲学史和佛教史。1941年毕业，获硕士学位。1942—1964年在北京大学哲学系任教，历任讲师、副教授、教授，先后在北京大学讲授中国哲学史、宋明理学、中国哲学问题、朱子哲学、华严宗研究、佛教著作选读、隋唐佛教和逻辑学等课程，并在北京师范大学教授中国哲学史课程。1955—1966年担任《北京大学学报》人文科学版编辑。1956年起兼任中国科学院哲学研究所研究员，为新中国培养第一批副博士研究生。1964年，负责筹建国家第一个宗教研究机构—中国科学院世界宗教研究所，任所长。1978年起招收宗教学硕士生、博士生，1985年起与北大合作培养宗教学本科生，为国家培养大批宗教学研究人才。1999年当选为国际欧亚科学院院士。1987年至2005年任中国国家图书馆馆长。

1978 年以来，先后担任中国社会科学院研究生院教授和博士生导师，国务院学位委员会学科评议组成员和哲学组召集人，国家古籍出版规划小组委员，中国宗教学会会长，中国无神论学会理事长，中国西藏佛教研究会会长，中国哲学史学会会长，社会科学基金宗教组召集人，中国社会科学院世界宗教研究所名誉所长。作为学术界的代表，当选为第四至八届全国人民代表大会代表。

任继愈先生在佛教研究方面的成就被毛泽东同志誉为"凤毛麟角"。他撰写与主编的多种著作多次再版，培养了一代又一代中国学者，其中《中国哲学史》四卷本长期作为大学教材，获教育部特等奖。他提出"儒教是宗教"的论断，是对中国传统文化性质的总体认识和定位，是认识把握中国传统文化的重大基础性理论贡献，在学术界引起了巨大的震动，具有不可估量的深远影响。他以整理传统文化资料为自己重要的历史使命，先后组织领导乃至亲自主持《中华大藏经》（汉文部分）、《中华大典》、新修《二十四史》、《国家图书馆藏敦煌遗书》等多项大规模的文化工程。他主编的《中华大藏经》（汉文部分上编）获全国古籍整理一等奖、国家图书奖荣誉奖。他先后创办了《世界宗教研究》、《科学与无神论》等杂志，在提倡学术研究、宣传科学世界观、健全民族精神方面，发挥了巨大的作用。

任继愈先生在担任国家图书馆馆长和名誉馆长期间，牢牢把握国家图书馆的办馆方针和发展方向，积极推动人才队伍建设、基础业务工作和读者服务工作、国家图书馆新馆及数字图书馆建设、国内外图书馆交流与合作、文献保护与抢救等工作，使国家图书馆迈入了世界图书馆先进行列，为中国图书馆事业作出了重大贡献。

任继愈先生曾先后到尼泊尔、日本、加拿大、美国、法国、意大利、俄罗斯、南斯拉夫、印度、巴基斯坦访问讲学，为促进国际学术交流、传播中华文化作出了积极贡献。

任继愈先生主要著作有《汉唐佛教思想论集》《中国哲学史论》《任继愈学术论著自选集》《任继愈自选集》《墨子与墨家》《韩非》《老子新译》《天人之际》《念旧企新》《任继愈哲学文化随笔》《竹影集》等；与人合著《中国近代思想史讲授提纲》等；主编有《中华大藏经》（汉文部分）、《中华大典·哲学典》《中华大典·宗教典》《中国哲学史》（大学教科书）《中国哲学发展史》《中国佛教史》《中国道教史》《道藏提要》《宗教词典》《宗教大辞典》《佛教大辞典》《国家图书馆藏敦煌遗书》《中国历史文化丛书》等（本章内容摘自《中国藏学年鉴2009》人物介绍——任继愈先生生平）。

第二章 哲学、宗教（B）

韩非

作者：任继愈著

出版发行：北京：北京人民出版社，2019.05

ISBN 号：978-7-5300-0364-0

页数：51

丛书名：新编历史小丛书

原书定价：18.00

开本：32 开

内容提要：韩非是战国末期著名的哲学家、思想家，政论家和散文家，法家思想的集大成者。韩非的思想深邃而又超前，对后世影响深远。作为研究中国古代思想文化的大家，任继愈先生以朴素无华、简练精当的文字，将韩非繁复的思想以轻盈而生动的方式传递给我们。通过本书，读者可以对韩非其人其事有一个全面而充分的认识，并将进一步了解当时的时代背景与历史环境。

目录

老子绎读　鹖子校理

作者：任继愈校绎，钟肇鹏校理

出版发行：武汉：湖北人民出版社，2018.05

ISBN 号：978-7-216-08866-4

原书定价：98.00

开本：16 开

内容提要：该书是《老子绎读》与《鹖子校理》的合集。《老子绎读》是任继愈在教授《老子》一书的讲义上整理出来，作者凡四次翻译整理，综合了不少版本，简明的注释，精炼的题解，寥寥数语，尽显大家风范。该书设置了重要名词索引，附录了帛书本和竹简本《老子》并整理互对，方便了读者查检研究。《鹖子校理》是钟肇鹏对《鹖子》一书作的较全面的整理。

任继愈谈道家与道教

作者：任继愈著

出版发行：北京：石油工业出版社，2018.03

ISBN 号：978-7-5183-2351-7

页数：300

丛书名：任继愈哲学系列

原书定价：39.80

开本：32 开

内容提要：《任继愈谈道家与道教》是任继愈先生研究老子和道家思想的著作，该书描述了从道家的产生到成书，从历史故事到老子和道家对社会的影响及其现实意义，对老子、道家的认识论，自然观，逻辑思想和历史地位进行了详细的分析和总结；介绍了《墨经》对于后世科学的贡献。同时该书也为读者展示了老子和《道德经》的文学魅力与哲学影响。

目录：

任继愈谈汉唐佛教思想

作者：任继愈著

出版发行：北京：石油工业出版社，2018.03

ISBN 号：978-7-5183-2348-7

页数：516

原书定价：CNY68.00（全二册）

开本：32 开

内容提要：《任继愈谈汉唐佛教思想》（全二册）是任继愈先生的佛学研究代表作，内容包含《佛教与中国思想文化》《中国佛教的特点》《汉唐时期佛教哲学思想在中国的传播和发展》《天台宗哲学思想略论》《法相宗哲学思想略论》等。

目录：

任继愈谈孔子·孟子·韩非

作者：任继愈著

出版发行：北京：石油工业出版社，2018.03

ISBN 号：978-7-5183-2357-9

页数：307

丛书名：任继愈先秦诸子系列

原书定价：39.80

开本：32 开

内容提要：《任继愈谈孔子·孟子·韩非》是任继愈先生撰写的关于孔子、孟子、韩非三位历史人物的文章合集。含《孔子》、《孟子》、《韩非》、《孔子的仁》、《韩非哲学的性质》、《韩非政治思想中的几个问题》等。

目录：

任继愈谈儒家与儒教

作者：任继愈著

出版发行：北京：石油工业出版社，2018.03

ISBN 号：978-7-5183-2346-3

页数：264

原书定价：39.80

开本：32 开

内容提要：《任继愈谈儒家与儒教》是任继愈先生关于儒家与儒教论述的重要作品。内容包含《论儒教的形成》《儒家与儒教》《儒教的再评价》《从程门立雪看儒教》等，该书是任继愈先生论儒家与儒教的思想初次结集。

目录：

任继愈谈《易经》

作者：任继愈著

出版发行：北京：石油工业出版社，2018.03

ISBN 号：978-7-5183-2358-6

页数：285

丛书名：任继愈玄学·理学系列

原书定价：39.80

开本：32 开

内容提要:《任继愈谈〈易经〉》是任继愈先生关于周易研究的重要作品。内容包含《易经和它的哲学思想》《易学与人类文明》《读易书札》等多个部分。该书是任继愈先生论《易经》思想的初次结集。

目录：

任继愈谈中国哲学发展史

作者：任继愈著

出版发行：北京：石油工业出版社，2018.03

ISBN 号：978-7-5183-2343-2

页数：211

原书定价：36.00

开本：32 开

内容提要：《任继愈谈中国哲学发展史》是任继愈先生主编的《中国哲学发展史》的作品汇编。本书内容包含《先秦卷导言》《秦汉卷导言》《魏晋南北朝卷绪论》《隋唐卷绪论》《隋唐卷会通编序》等等。是一本有关中国哲学的入门级著作。该书是任继愈先生论中国哲学发展史思想的初次结集。

目录：

任继愈谈庄子

作者：任继愈著

出版发行：北京：石油工业出版社，2018.03

ISBN 号：978-7-5183-2344-9

页数：305

原书定价：39.80

开本：32 开

内容提要：《任继愈谈庄子》是任继愈先生关于庄子及其著作研究的重要作品，内容包含《庄子探源之一》《庄子探源之二》《庄子探源之三》《庄子探源之四》《庄子探源之五》《论齐物论不代表庄周思想》《庄子》《庄子的唯物主义世界观》等。该书是任继愈先生论庄子思想的初次结集。

目录：

任继愈谈老学源流

作者：任继愈著

出版发行：北京：石油工业出版社，2018.02

ISBN 号：978-7-5183-2353-1

页数：292

原书定价：39.80

开本：32 开

内容提要：《任继愈谈老学源流》是任继愈先生关于解读老子及其作品的汇编，含《老学源流》、《中国哲学史的里程碑：老子的无》、《老子研究的方法问题》、《老子难读》等。该书是任继愈先生论老子文章的初次结集。

目录：

任继愈谈老子哲学

作者：任继愈著

出版发行：北京：石油工业出版社，2018.02

ISBN 号：978-7-5183-2359-3

页数：199

丛书名：任继愈先秦诸子系列

原书定价：36.00

开本：32 开

内容提要：《任继愈谈老子哲学》是任继愈先生论老子哲学思想的五篇长文合集。取自《中国哲学史》（四卷本）、《中国哲学简史》和《中国哲学发展史》。

目录：

任继愈谈墨子与墨家

作者：任继愈著

出版发行：北京：石油工业出版社，2018.02

ISBN 号：978-7-5183-2345-6

页数：220

原书定价：36.00

开本：32 开

内容提要：《任继愈谈道家与道教》是任继愈先生研究老子和道家思想的著作，该书描述了从道家的产生到成书，从历史故事到老子和道家对社会的影响及其现实意义，对老子、道家的认识论，自然观，逻辑思想和历史地位进行了详细的分析和总结；介绍了《墨经》对于后世科学的贡献。同时该书也为读者展示了老子和《道德经》的文学魅力与哲学影响。

目录：

任继愈谈魏晋南北朝的佛教经学

作者：任继愈著

出版发行：北京：石油工业出版社，2018.02

ISBN 号：978-7-5183-2380-7

页数：273

原书定价：39.80

开本：32 开

内容提要：《任继愈谈魏晋南北朝的佛教经学》是任继愈先生关于魏晋南北朝时期佛教经学的一篇专著，原为《中国哲学发展史（魏晋南北朝卷）》中关于魏晋南北朝佛教经学的部分。此次出版，是该著初次以单行本形式面世。

目录：

任继愈谈魏晋玄学

作者：任继愈著

出版发行：北京：石油工业出版社，2018.02

ISBN 号：978-7-5183-2368-5

页数：209

丛书名：任继愈玄学·理学系列

原书定价：36.00

开本：32 开

内容提要:《任继愈谈魏晋玄学》是任继愈先生关于魏晋玄学、魏晋人物、魏晋社会思潮的作品。含《魏晋清谈的实质和影响》、《魏晋玄学中的社会政治思想和它的政治背景》、《魏晋玄学研究如何深入》、《论魏晋南北朝社会思潮的交融》等。此次出版，是任继愈先生论魏晋玄学、魏晋人物、魏晋社会思潮文章的初次结集。

目录：

任继愈谈先秦诸子与哲学

作者：任继愈著

出版发行：北京：石油工业出版社，2018.02

ISBN 号：978-7-5183-2349-4

页数：307

原书定价：39.80

开本：32开

内容提要：《任继愈谈先秦诸子与哲学》是任继愈先生关于先秦诸子与先秦哲学的作品。含《先秦哲学无六家》、《先秦诸子与百家争鸣》、《中国古代医学和哲学的关系》等，此次出版，是任继愈先生论先秦诸子与先秦哲学的文章的初次结集。

任继愈谈朱熹·王阳明·王夫之

作者：任继愈

出版发行：北京：石油工业出版社，2018.02

ISBN号：978-7-5183-2352-4

页数：296

原书定价：39.80

开本：32开

内容提要：《任继愈谈朱熹·王阳明·王夫之》是任继愈先生撰写的关于朱熹、王阳明、王夫之等历史人物及其作品的国学通俗读物。

目录：

一位哲人的目光：任继愈谈话录

作者：任继愈著

出版发行：北京：九州出版社，2017.02

ISBN 号：978-7-5108-4868-1

页数：360

原书定价：48.00

开本：24cm

内容提要：本书主要内容包括谈中国传统文化—儒教、不研究神学，就写不好哲学史、古代哲学与近现代哲学、哲学是一个民族的文化灵魂所系、哲学并不是纯思维的东西、世纪老人的话之一：关于个人认识等。

任继愈论儒佛道

作者：任继愈

出版发行：北京：国家图书馆出版社，2016.12

ISBN 号：978-7-5013-6007-9

页数：161

丛书名：任继愈著作系列

原书定价：20.00

内容提要：该书收入了任继愈先生研究的 29 篇有关儒释道的文章。任继愈先生对中国传统文化和宗教有着深入的研究。他作为研究者而不是信徒观察、分析和研究，观点更为客观。所谓的当局者迷，围观者看得很清楚。该书体现了任继愈先生对宗教问题的深刻见解。

目录：

老子绎读（1函2册）

作者：王燕来，任继愈

出版发行：北京：国家图书馆出版社，2016.09

ISBN 号：978-7-5013-5918-9

原书定价：680.00

内容提要：任继愈先生曾在 50 年间，四次翻译和注释《老子》，期间不断修订与完善，足见其治学之严谨，研究用力之深。本书是其最后一次译注的成果：以王弼本为底本，参以帛书本、竹简本校之，配以简明的释文，精炼的题解，寥寥数语，尽显大家风范。此版本为线装版《老子绎读》。

墨子与墨家

作者：任继愈著

出版发行：北京：北京出版社，2016.07

ISBN 号：978-7-200-12103-2

页数：139

丛书名：大家小书

原书定价：32.00

开本：19cm

内容提要：本书运用翔实的历史资料，采用逻辑手法对墨学产生的时代条件，墨子的形象，墨子的思想如兼爱、非攻、非乐、节用等作了客观的论述，且为人们家喻户晓的止楚攻宋的故事注入了新的内涵。

主要内容包括：墨学产生的时代条件、墨翟与《墨子》一书等。

任继愈先生宗教作品选辑

作者：任继愈

出版发行：北京：中国社会科学出版社，2016.03

原书定价：119.98（5 册）

内容提要：本全辑包括：《中国佛教史（第一卷）》《中国佛教史（第二卷）》《中国佛教史（第三卷）》《中国道教史（增订本）》《任继愈宗教论集》。

墨子与墨家

作者：任继愈著

出版发行：北京：北京出版社，2016.01

ISBN 号：978-7-200-11561-1

页数：140

丛书名：大家小书

原书定价：29.00

开本：32 开

内容提要：《大家小书·墨子与墨家》运用翔实的历史资料，采用逻辑手法对墨学产生的时代条件，墨子的形象，墨子的思想如兼爱、非攻、非乐、节用等作了客观的论述，且对人们家喻户晓的止楚攻宋的故事注入了新的内涵。作品既肯定了其积极进步的优良思想，又指出它的历史局限性，采用辨证的历史观点进行分析，具有独到的见解。《墨经》对科学的贡献在《大家小书·墨子与墨家》中是很重要的一个组成部分，新旧资料互相对照、科学的论述参以清晰的图解说明，从而对原著进行了科学的诠释。

老子绎读（精装本）

作者：任继愈著

出版发行：北京：国家图书馆出版社，2015.04

ISBN 号：978-7-5013-5569-3

页数：263

原书定价：55.00

开本：26cm

内容提要：该书是任继愈先生对中华民族重要的经典——《老子》的注解和阐释。在《老子》原文的每一章前，作者对内容和主要思想作了高度概括的总结。结合历代著名学者的整理结果，对原文中的重点和难点单词和句子进行了逐一校对和注释。译文准确，流利，标准化且易于理解。作者译注《老子》开始于1956年，他曾在50年间四次翻译和注释《老子》，期间不断修订与完善，足见其治学之严谨，研究用力之深。该书是集作者半个多世纪研究《老子》的大成。

老子绎读（平装本）

作者：任继愈著

出版发行：北京：国家图书馆出版社，2015.04

ISBN 号：978-7-5013-5570-9

页数：263

原书定价：29.00

魏晋南北朝佛教经学

作者：任继愈著

出版发行：北京：国家图书馆出版社，2013.08

ISBN 号：978-7-5013-5143-5

页数：198

原书定价：19.50

开本：26cm

内容提要：本书是任继愈先生对于魏晋南北朝哲学的全面论述，该论述原本是任先生主编的《中国哲学发展史（魏晋南北朝）》中的一章。该书共分为八章，详细论述了佛教的输入与早期传播、魏晋玄学与佛教般若学、鸠摩罗什与中观学派、慧远的佛教思想体系、从僧肇到竺道生、魏晋南北朝流行的佛教主要经典、魏晋南北朝流行的佛教主要经论、佛教经学的中心议题——心性论。是任先生对于中国马克思主义宗教学的重要贡献之一。

目录：

宗教学讲义

作者：任继愈著

出版发行：北京：国家图书馆出版社，2013.08

ISBN 号：978-7-5013-5142-8

页数：173

丛书名：任继愈研究会丛书

原书定价：26.00

开本：21cm

内容提要：本书是任先生于 20 世纪 80 年代在北京大学给宗教专业本科

生讲课的讲义的一部分。其中的个别章节，曾被先生编入《念旧企新》一书。其他部分在先生逝世后，曾被编入《任继愈宗教论集》。

目录：

墨子与墨家

作者：任继愈著

出版发行：北京：北京出版社，2012.01

ISBN 号：978-7-200-09034-5

页数：140

丛书名：大家小书

原书定价：19.00

开本：21cm

内容提要：本书运用翔实的历史资料，采用逻辑手法对墨学产生的时代条件，墨子的形象，墨子的思想如兼爱、非攻、非乐、节用等作了客观的论述，且对人们家喻户晓的止楚攻宋的故事注入了新的内涵。作品既肯定了其积极进步的优良思想，又指出它的历史局限性，采用辨证的历史观点进行分析，具有独到的见解。

目录：

中国哲学与宗教

作者：任继愈著

出版发行：龙图腾文化有限公司，2012

ISBN 号：978-986-6100-61-1

页数：163 页

原书定价：TWD160.00

开本：21cm

内容提要：本书对中国哲学与宗教的关系有极为精辟的见解，阅读本书我们可以得到一个结论：宗教与哲学是"不即不离"的关係，虽然二者不同，但皆有安定人心的力量，所以不可分离；虽二者相同，但相应方式各异，也有不同的发展，作者强调东西方之异同并不冲突，反而能互补双赢，端看各民族国家不同需求而取之。因此，二者具有不即不离的关係，亦即哲学与宗教实为一对孪生兄弟。事实上，从世界一家的角度来看，哲学与宗教为孪生兄弟，也是世界这个母亲，一母双胞胎的兄弟，关系非常密切。阅读本书不但了解本国哲学与宗教，也可对世界多一份认识。

目录

一、二十世纪中国哲学的使命感

二、二十一世纪的中国哲学

三、哲学的重要性

道教小辞典（修订版）

作者：钟肇鹏主编；任继愈总主编

出版发行：上海：上海辞书出版社，2010.12

ISBN 号：978-7-5326-3221-3

页数：343

丛书名：宗教小辞典丛书

原书定价：28.00

内容提要：《道教小辞典（修订版）》为宗教小辞典丛书之一，该丛书包括《佛教小辞典》、《基督教小辞典》、《伊斯兰教小辞典》、《道教小辞典》、《犹太教小辞典》等。该书分9大类，包括道教总论，教派、组织，人物，教义，经籍书文，神仙，道术，称谓、斋戒、仪礼、节日，仙境、名山、宫观等。正文按分类编排，正文后又附有词目笔画索引，既可以检索，又可以阅读。

目录：

天人之际：任继愈学术思想精粹

作者：任继愈著

出版发行：北京：人民日报出版社，2010.08

ISBN 号：978-7-5115-0128-8

页数：376

丛书名：中华文化复兴方阵

原书定价：48.00

内容提要：本书是"词条体"，按照主题，分类摘编，另加小标题，系任继愈先生一生学术思想的精华呈现。也可作工具书之用。

目录：

任继愈宗教论集

作者：任继愈著

出版发行：北京：中国社会科学出版社，2010.07

ISBN 号：978-7-5004-8870-5

页数：761

原书定价：98.00

内容提要：任继愈先生是国学大师，海内外知名学者。本书精选了任先生数十年来有关宗教学基本理论、佛教、儒教、道教、基督教、无神论的讲义和研究文章，编集成书。

目录：

一般宗教理论研究部分

为发展马克思主义的宗教学而奋斗 /3

哲学与宗教 /17

宗教学讲义 /22

用历史说明宗教 /150

（再论）用历史说明宗教—《宗教小辞典·绪论》/152

中国文化改造了外来佛 /159

唐宋以后的三教合一思潮 /164

读徐怀启遗著《古代基督教史》/172

从兄弟民族宗教看古代中国文化 /176

中国哲学史（一）

作者：任继愈主编

出版发行：北京：人民出版社，2010.06

ISBN 号：978-7-01-008895-2

页数：280

丛书名：人民·联盟文库

原书定价：38.00

开本：16

内容提要：中国的哲学史是中国文化的精髓，是中华民族认识史的精华。它显示了中国哲学和神学在斗争中的发展，人类抽象思维从低层次到高层次的发展，以及人类理解从浅层到深层的发展。

目录：

中国哲学史（二）

作者：任继愈主编

出版发行：北京：人民出版社，2010.06

ISBN 号：978-7-01-008894-5

页数：324

丛书名：人民联盟文库

原书定价：43.00

开本：16

目录：

第三篇　统一的封建专制国家建立和发展时期（秦—汉）的哲学思想

第一章　秦汉时代的社会经济、生产斗争、阶级斗争与思想战线上的

中国哲学史（三）

作者：任继愈主编

出版发行：北京：人民出版社，2010.06

ISBN 号：978-7-01-008893-8

页数：397

丛书名：人民·联盟文库

原书定价：52.00

内容提要：本书论述隋唐五代及宋元明时期的哲学。第五篇主要围绕隋唐时期的佛教而展开，既有对佛教各个宗派如天台宗、法相宗的分析、阐释，也有对反佛、融佛思想的介绍论述，如对柳宗元、刘禹锡、韩愈等人思想的论述。第六篇主要围绕"理学"的产生、发展、成熟及"理学"内部的分系而展开，对周敦颐的"诚"学与"主静"学，邵雍的"先天象数学"，程朱"理学"，陆王"心学"，张载、罗钦顺、王廷相的"气学"都有精当论述。

目录：

中国哲学史（四）

作者：任继愈主编

出版发行：北京：人民出版社，2010.06

ISBN 号：978-7-01-008892-1

页数：344

丛书名：人民·联盟文库

原书定价：45.00

开本：16

目录：

任继愈谈中国哲学和宗教

作者：任继愈著

出版发行：长沙：湖南少年儿童出版社，2010.03

ISBN 号：978-7-5358-4935-9

页数：102

丛书名：文化中国丛书

原书定价：11.00

内容提要：该书主要研究中国古代哲学和宗教学，探讨中国哲学的发展规律，重点研究儒教、佛教、道教的思想以及相互交融的关系，研究儒教的形成、历史作用和社会影响。用唯物史观研究中国的哲学史、佛教史和道教史，反映了在马克思主义指导下研究中国古代哲学和宗教学的成就。

目录：

老子绎读（汉英对照）

作者：任继愈著

出版发行：北京：商务印书馆，2009.12

ISBN 号：978-7-100-06703-4

页数：514

原书定价：54.00

内容提要：该书是任继愈先生对中华民族重要的经典——《老子》的注解和阐释。在《老子》原文的每一章前，作者对内容和主要思想作了高度概括的总结。结合历代著名学者的整理结果，对原文中的重点和难点单词和句子进行了逐一校对和注释。译文准确，流利，标准化且易于理解。作者译注《老子》开始于 1956 年，他曾在 50 年间四次翻译和注释《老子》，期间不断修订与完善，足见其治学之严谨，研究用力之深。

宗教词典（修订本）

作者：任继愈主编

出版发行：上海：上海辞书出版社，2009.12

ISBN 号：978-7-5326-2840-7

页数：1201

原书定价：80.00

内容提要：《宗教词典（修订本）》共收词目约7000条。包括宗教一般、史前和原始宗教、古代宗教、佛教等十类。

目录：

凡例

词目笔画检字表

词目表

正文

外文译名对照表

汉语拼音索引

分类词目索引

基督教小辞典（修订版）

作者：卓新平主编；任继愈总主编

出版发行：上海：上海辞书出版社，2008.07

ISBN 号：9787532620326

丛书名：宗教小辞典丛书

开本：32 开

内容提要：基督教（Christianity）奉耶稣基督为救世主的各教派统称。亦称"基督宗教"。包括天主教、正教、新教三大教派和其他一些较小教派。与佛教、伊斯兰教并称为世界三大宗教。按其信仰人数和地域分布情况为世界上最大的宗教。

实说冯友兰

作者：任继愈等访谈　王仁宇整理

出版发行：北京：北京大学出版社

ISBN 号：978-7-301-14067-3

页数：322

内容提要：本书记录的 23 位学者关于冯友兰先生的谈话。他们大多是冯先生在三个时期（西南联大、清华大学、北京大学）的学生。他们讲述了自己的亲身体会和真实看法，有见识而客观，有情感而公正，没有道听途说，不是人云亦云。

老子绎读

作者：任继愈著

出版发行：北京：北京图书馆出版社，2006.12

ISBN 号：7-5013-2836-6

页数：263

字数：150 千字

原书定价：23.00

内容提要：该书是任继愈先生对《老子》的注解和阐释。在《老子》原文的每一章前，作者对内容和主要思想作了高度概括的总结。结合历代著名学者的整理结果，对原文中的重点和难点单词和句子进行了逐一校对和注释。译文准确，流利，标准化且易于理解。

佛教小辞典

作者：杜继文，黄明信主编；任继愈总主编

出版发行：上海：上海辞书出版社，2006.09

ISBN 号：7-5326-2042-5

页数：773

丛书名：宗教小辞典丛书

原书定价：40.00

开本：19cm

内容提要：本辞典共选收佛教条目凡4203条。包括佛教总论，教派，组织，机构，人物，教义，因明，经籍书文，历史事项，佛、菩萨、鬼神、诸天，教职、教制、称谓，法衣、法器，礼仪、节日，圣地、寺院及其他共十二大类。

目录：

出版说明

凡例

伊斯兰教小辞典

作者：金宜久主编；任继愈总主编

出版发行：上海：上海辞书出版社，2006.09

ISBN 号：7-5326-2033-6

页数：412

丛书名：宗教小辞典丛书

原书定价：25.00

开本：19cm

内容提要：本辞典共选收伊斯兰教方面词目凡1940条。包括教派、组织、机构、人物、信仰、教义、学说、思想、经籍书文及其用语、历史事项、古兰经人物与传说等等。

目录：

道藏提要

作者：任继愈主编

出版发行：北京：中国社会科学出版社，2006.02

ISBN 号：978-7-5004-0268-8

原书定价：97.30

内容提要：道教在中国已有两千多年的历史。历朝的宗教教主，宗教思想家和评论家撰写了许多书籍和记录。古代这类书籍和手稿种类繁多，因此对后代进行研究非常不便。著名学者任继愈和社会科学院的十多位专家共同努力编写了这本大规模的工具书。本书以明代正统道藏为基础，并参考其他版本，对于研究人员和读者来说很方便。这本书于1991年首次出版，受到了学术界的高度评价。它在1995年再版。该版是第三次修订和印刷。

道教史

作者：任继愈总主编；卿希泰、唐大潮著

出版发行：南京：凤凰出版传媒集团，江苏人民出版社，2006.01

ISBN：7-214-04137-5

页数：512

定价：35.00元

丛书：宗教史丛书

内容提要：本书是道教的通史，以时间为经，宗派分化为纬度，全面、系统地介绍了道教的产生，发展和传播的历史。书中记载的时限始于道教形成之前的秦汉时期的社会状况和思想渊源，终止于道教在当代世界范围内的传播。本书的内容包括道教及其分支机构的经典，学说，人物，教制和教职，以及节日，习俗，圣地，文物，建筑，文学，艺术等。该书在对道教进行全面考察的同时，还对道教与中国古代政治，社会，经济，文化和思想之间的关系进行了深入分析，并对一些重要的历史和学术问题提出了许多新的见解。

佛教史

作者：任继愈总主编；杜继文主编

出版发行：南京：江苏人民出版社，2006.01

ISBN：9787214041364

页数：640

原书定价：42.00 元

丛书名：宗教史丛书

内容提要：这本书是佛教世界的通史。以时间为经度，地区和国家为纬度，系统全面地展示了佛教的产生，发展和传播的历史。该书中记载的时限始于古代印度在佛教出现之前的社会状况，终止于现代佛教在西方的传播和影响。内容按原始佛教、部派佛教、南传佛教、北传佛教（包括汉传佛教、藏传佛教）展开，广泛涉及各教派和宗派的教义、经籍、人物、僧制、僧职等等，它还包括佛教节日，习俗，典故，圣地，文物，建筑，文学，艺术等。在全面研究佛教的同时，该书还讨论了佛教与政治和社会、经济和文化之间的关系，并对一些重要的历史事件和学术问题提出了许多新的见解。

目录：

基督教史

作者：任继愈总主编；王美秀等著

出版发行：南京：江苏人民出版社，2006.01

ISBN：9787214041203

页数：422

定价：30.00 元

丛书：宗教史丛书

内容提要：该书是一部描述基督教世界的通史。以时间为经度，地区和国家为纬度，系统全面地展示了基督教的产生，发展和传播的历史。该书中记载的时限始于犹太在基督教出现之前的社会状况，终止于现代基督教在中国的传播和影响。内容按教派分化展开，广泛涉及基督教及各支派的经籍、教义、神学、人物、组织、教制、教职等，它还包括基督教节日，习俗，典故，圣地，文物，建筑，文学，艺术等。在全面研究基督教的同时，该书还讨论了基督教与政治和社会、经济和文化之间的关系，并对一些重要的历史事件和学术问题提出了许多新的见解。

目录：

伊斯兰教史

作者：任继愈总主编；金宜久主编

出版发行：南京：凤凰出版传媒集团，江苏人民出版社，2006.01

ISBN：9787214041487

页数：619

定价：42.00 元

丛书：宗教史丛书

内容提要：该书是一部描述伊斯兰教世界的通史。以时间为经度，地区和国家为纬度，系统全面地展示了伊斯兰教的产生，发展和传播的历史。该书中记载的时限始于阿拉伯在伊斯兰教出现之前的社会状况，终止于现代伊斯兰教在各国的传播情况及特色。内容按教派分化展开，广泛涉及伊斯兰教的经籍、教义、神学、人物、组织、教制、教职等，它还包括伊斯兰教节日，习俗，典故，圣地，文物，建筑，文学，艺术等。在全面研究伊斯兰教的同时，该书还讨论了伊斯兰教与政治和社会、经济和文化之间的关系，并对一些重要的历史事件和学术问题提出了许多新的见解。

目录：

任继愈禅学论集

作者：任继愈著

出版发行：北京：商务印书馆，2005.08

ISBN 号：7-100-04400-6

页数：377

原书定价：21.00

开本：21cm

内容提要：本书内容主要包括：神秀北宗禅法、南北禅宗异同、超脱与成仁、禅宗哲学思想略论、禅学与儒学、佛教向儒教的靠拢等。

目录：

中国哲学史通览（2版）

作者：任继愈，张贷年等编

出版发行：上海：东方出版中心，2005.03

ISBN 号：7-80627-061-2

页数：422

字数：345 千字

原书定价：27.00

内容提要：该书是以《中国大百科全书·哲学》中的骨干条目为基础编辑而成的。全书从辩证唯物主义和历史唯物主义观点的出发，采用哲学界最新的研究成果，系统地叙述了中国哲学、伦理学、美学、逻辑学以及宗教哲学的发生发展史，展现了自殷周之际哲学萌芽时期以来3000多年的中华民族世界观理论体系形成的历史概貌，文字通俗，立论严谨，具有权威性和可读性。

目录：

墨子大全　第三编

作者：任继愈，李广星编

出版发行：北京：北京图书馆出版社，2004.12

ISBN 号：7-5013-2588-X

原书定价：13000.00（全五十册）

内容提要：《墨子大全》第三编收录 1949 年至 2003 年产生的墨子研究文献一百余种。如果说，第一编、第二编较完整地反映了历史上第一次（清代中后期）、第二次（民国中期）墨学研究热潮所带来的成果。那么，本编最大的贡献，就是全面集合兴起于二十世纪九十年代、以山东大学张知寒教授为擎旗人的第三次墨学研究热潮所产生的科研成果。除此，尚有几大特点值得关注：一是以任继愈先生、李广星先生为主的本书编委会，充分发挥中国墨子学会的能量，尽可能全面地收录了海外学者研究墨子的著作；二是本编尽可能多地收录了近二十年来因学术著作出版难而无法面世的部分学者的墨学研究书稿；三是本编尽可能全地收录了二十世纪五六十年代出版的现已不易使用的墨学著作；所有这些，使本编成为五十年来墨学研究成果的文献资料集大成者。

犹太教小辞典

作者：周燮藩主编；任继愈总主编

出版发行：上海：上海辞书出版社，2004.06

ISBN 号：7-5326-1241-4

页数：334

丛书名：宗教小辞典丛书

原书定价：23.00

开本：19cm

内容提要：本辞典共选收犹太教词目 1300 多条，涉及教派、组织、机构、人物、经籍书文及其用语，历史事项，以及教制、教职、称谓等。

目录：

出版说明

凡例

墨子大全　第二编

作者：任继愈编

出版发行：北京：北京图书馆出版社，2003.11

ISBN 号：7-5013-2113-2

主题词：墨子－译文－研究－注释

原书定价：8000.00（30 册）

页数：15680

开本：32 开

内容提要：《墨子大全》第二编共收录民国时期梁启超、伍非百、吴毓江、张纯一、栾调甫、叶瀚等五十余位著名学者编撰的墨学研究专著七十余种。编排基本以版本先后为序，同一作者之著作相对集中，分为三十册。内容主要有：关于《墨子》校释、考注、疏证、笺诂、通解、拾补、引得等；关于墨子本人生卒、籍贯、游历、讲学、著述等历史的考察和研究；关于墨经、墨辨乃至整个墨子学科的讨论、探源、阐述、发微等研究性专著。其中，叶瀚墨学著作稿本，属首次披露，编为三册，占全编三分之一。总之，《墨子大全》第二编全面承载了民国时期学术界研究墨学的历史和成就。

中国哲学史（一）先秦部分

作者：任继愈主编

出版发行：北京：人民出版社，2003.07

ISBN 号：7-01-003936-4

页数：280

丛书名：大学哲学丛书

原书定价：16.50

开本：21cm

主题词：哲学史（地点：中国年代：先秦时代）哲学史

中图法分类号：B2；B220.5（哲学、宗教 -> 中国哲学）

内容提要：本书编写观点明确，文风朴质，反映了国内学术水平。本册含两篇，内容有：中国奴隶社会（商—春秋）哲学思想的发展、中国封建社会确立时期（战国）哲学思想的发展。

目录

中国哲学史（二）两汉魏晋南北朝部分

作者：任继愈主编

出版发行：北京：人民出版社，2003.07

ISBN 号：7-01-003937-2

页数：324

丛书名：大学哲学丛书

原书定价：18.50

开本：21cm

主题词：哲学史

中图法分类号：B2（哲学、宗教 -> 中国哲学）

内容提要：本书编写观点明确，文风朴质，反映了国内学术水平。本册含两篇，分别为：统一的封建专制国家建立和发展时期的哲学思想、中国封建国家长期分裂门阀地主阶级统治时期的哲学思想。

目录

中国哲学史（三）　　隋唐五代宋元明部分

作者：任继愈主编

出版发行：北京：人民出版社，2003.07

ISBN 号：7-01-003938-0

页数：397

丛书名：大学哲学丛书

原书定价：22.50

开本：21cm

内容提要：本册分两篇，内容有：统一封建国家重建与地方割据时期（隋唐五代）的哲学思想、封建国家中央集权加强和巩固时期（宋元明）的哲学思想。

目录

中国哲学史（四）清代、近代部分修订版

作者：任继愈主编

出版发行：北京：人民出版社，2003.07

ISBN 号：7-01-003939-9

页数：344

丛书名：大学哲学丛书

原书定价：19.50

开本：21cm

目录

佛教大辞典（上、中、下）

作者：任继愈主编

出版发行：南京：凤凰出版社，2002.12

ISBN 号：978-7-80643-446-8

页数：1476

原书定价：699.00（全三册）

内容提要：该书是国家"十五"重点图书出版规划项目。本辞典共收佛教及与佛教相关的词条 11899 条，涉及到教派、学派、宗派、人物、典籍、教义、教职、礼俗、寺院等十三类内容。

目录：

凡例

宗教学小辞典

作者：何光沪编；任继愈总主编

出版发行：上海：上海辞书出版社，2002.12

ISBN 号：7-5326-1076-4

页数：239

丛书名：宗教小辞典丛书

原书定价：16.80

开本：19cm

内容提要：本辞典共选收宗教学词目约 680 条，分为宗教学总论，宗教哲学，宗教史学，宗教人类学，宗教社会学，宗教心理学，新兴宗教等七大类。

目录：

墨子大全（第一编）

作者：任继愈主编

出版发行：北京：北京图书馆出版社，2002.10

ISBN 号：7-5013-1932-4

原书定价：5000.00（全 20 册）

宗教辞典（上、下）

作者：任继愈主编

出版发行：博远出版有限公司，2002.07

ISBN 号：986801896X

页数：1392

丛书名：工具书系列

原书定价：800.00

中国道教史（上、下）

作者：任继愈主编

出版发行：北京：中国社会科学出版社，2001.09

ISBN 号：7-5004-3009-4

页数：1021

原书定价：58.00（上、下册）

内容提要：本书是道教研究室的学者和专家，利用几千卷道教典籍研究出的成果，分为五编，介绍中国道教的产生、传播、发展、衰落过程，向读者提供中国道教发展的整体印象。

目录

儒教问题争论集

作者：任继愈主编

出版发行：北京：宗教文化出版社，2000.11

ISBN 号：7-80123-295-X

页数：482

原书定价：29.00

开本：20cm

内容提要：中国古代的统治思想是不是宗教，是正确认识中国传统文化的根本问题。从五四运动以来，在近百年的时间里，"儒教非宗教"成为对中国传统文化的基本认识。1978年儒教是教说提出以后，在学术界引起了重大反响。从那时起，二十年来，对这个问题的争论不断，本书成书近些年，其争论范围则更加扩大，反映着儒教是教非教问题引起学术界更加广泛的关注。本书记录了中国学术界对此问题的争论实际情况，保存了珍贵的历史资料，可使关心此争论的人们较为方便地了解争论的基本情况。

目录

墨子与墨家

作者:任继愈编著

出版发行:北京:商务印书馆,1998.12

ISBN 号：7-100-02474-9

页数：164

丛书名：中国文化史知识丛书

原书定价：13.60

开本：19cm

内容提要：本书包括：墨学产生的时代条件；墨翟与《墨子》一书；止楚攻宋的故事；非乐、非命、节用、节葬；三表等。

目录

宗教大辞典

作者：任继愈主编

出版发行：上海辞书出版社，1998.08

ISBN 号：7-5326-0398-9

页数：1272 页

内容提要：该书为大型综合性宗教工具书。全书收词 11970 条。内容包括各种宗教并分别就各宗教体系，介绍其教派组织、历史人物、名词术语、教义神学、经籍著作、教制教职、教规礼仪、器物节日、寺观教堂以及神名等各方面知识。资料极大丰富，描述详略得当。

汉唐佛教思想论集

作者：任继愈著

出版发行：北京：人民出版社，1998.05

ISBN 号：7-01-002649-1

页数：458

丛书名：哲学史家文库

原书定价：21.60

开本：32

中国道教史（上）

作者：任继愈主编

出版发行：台北：桂冠图书股份有限公司，1998.03

ISBN 号：957-551-440-8

页数：499

原书定价：TWD400

开本：21cm

中国道教史（下）

作者：任继愈主编

出版发行：台北：桂冠图书股份有限公司，1998.03

ISBN 号：957-551-442-4

页数：357

原书定价：TWD400

开本：21cm

中国哲学史（第1册）先秦部分

作者：任继愈主编

出版发行：北京：人民出版社，1996.04

ISBN 号：7-01-000208-8

页数：271

原书定价：11.30

内容提要：全书包含两篇，内容有：中国奴隶社会（商——春秋）哲学思想的产生和发展，中国封建社会确立时期（战国）哲学思想的发展。

目录

再版说明 /1

绪论 /1

中国哲学史（第2册）两汉魏晋南北朝部分

作者：任继愈主编

出版发行：北京：人民出版社，1996.04

ISBN 号：7-01-000209-6

页数：322

原书定价：12.20

开本：20cm

内容提要：本书内容包括秦汉时代的社会经济、生产斗争、阶级斗争与思想战线上的斗争，《黄帝内经》的唯物主义哲学思想，汉初唯物主义哲学思想，司马迁的唯物主义思想及其进步的社会历史观，魏晋南北朝的道教思想，魏晋南北朝的佛教哲学，范缜的唯物主义和无神论思想等。

目录

中国哲学史（第3册）隋唐五代宋元明部分

作者：任继愈

出版发行：北京：人民出版社，1996.04

ISBN 号：7-01-000210-X

页数：402

原书定价：14.80

目录

中国哲学史（第4册）清代、近代部分

作者：任继愈主编

出版发行：北京：人民出版社，1997.04

ISBN 号：7-01-000211-8

页数：350

原书定价：7.20

开本：21cm

内容提要：第四册是1973年编写的，后全面修改。分两篇，十七章。

鸦片战争前为一篇，近代部分为一篇。

目录

佛教史

作者：杜继文；任继愈编著

出版发行：晓园出版社有限公司，1995.01

ISBN 号：9571204919

页数：661

原书定价：400.00

附注：繁体竖排

墨子与墨家

作者：任继愈著

出版发行：台湾商务印书馆股份有限公司，1994.09

页数：122

原书定价：TWD140

开本：19cm

中国哲学发展史　隋唐

作者：任继愈主编

出版发行：北京：人民出版社，1994.05

ISBN 号：7-01-001508-2

页数：571

丛书名：哲学史家文库

原书定价：18.20

开本：20cm

内容提要：哲学史到隋唐，出现三教并立。根据实际情况，本卷分为"儒教编"、"道教编"、"佛教编"和"会通编"，这种安排可以真实地反映出三种宗教并存的实际情况，并指出三种宗教趋同的趋势，可以为下一卷宋元时代的发展做准备。

目录

汉唐佛教思想论集

作者：任继愈著

出版发行：北京：人民出版社，1994.03

ISBN 号：7-01-001180-X

页数：458

原书定价：16.80

开本：20cm

内容提要：该书收录了中国佛教的特点、武则天与宗教、从佛教到儒教等有关汉唐佛教思想的 10 余篇论文。

中国哲学史通览

作者：任继愈，张岱年等编

出版发行：上海：东方出版中心，1994.01

ISBN 号：7-80627-061-2

页数：422

原书定价：20.00

内容提要：全书从辩证唯物主义和历史唯物主义观点出发，采用哲学界最新的研究成果，系统地叙述了中国哲学、伦理学、美学、逻辑学以及宗教哲学的发生发展史，展现了自殷周之际哲学萌芽时期以来 3000 多年的中华民族世界观理论体系形成的历史概貌，文字通俗，立论严谨，具有权威性和可读性。

目录

中国佛教丛书·禅宗编

作者：任继愈主编；《中国佛教丛书》编辑委员会编

出版发行：南京：江苏古籍出版社，1993.06

ISBN 号：7-80519-474-2

原书定价：2800

开本：26cm

内容提要：本书共选印历代有关禅宗的著述 56 种书，按经典、灯录、史传、语录、王宗杂著、禅门清规等顺序编排，其中 38 种据刻本影印，其余为敦煌写经及其他古写本影印。

中国古代哲学名著全译丛书（一）

作者：任继愈等译注

出版发行：成都：巴蜀书社，1992.08

ISBN 号：7-80528-506-6

页数：917

丛书名：名家名著·经典精译

原书定价：19.80

开本：21cm

内容提要：本册内容包括：老子全译、易经全译、公孙龙子全译、老子指归全译、阴符经全译、严金师子章全译。

目录

中国古代哲学名著全译丛书（二）

作者：任继愈主编；杜继文等译注

出版发行：成都：巴蜀书社，1992.09

ISBN 号：7-80523-510-4

页数：1050

原书定价：21.50

开本：20cm

内容提要：本册内容包括：大乘起信论全译、传习录全译、老子衍全译、孟子字义疏证全译。

目录

老子全译

作者：任继愈译注

出版发行：成都：巴蜀书社，1992.06

ISBN 号：7-80523-471-X

页数：220

丛书名：中国古代哲学名著全译丛书

原书定价：5.20

开本：20cm

目录：

前言

老子译文

译文部分名目索引

老子原文

原文部分索引

附录

佛教史

作者：任继愈总主编；杜继文主编

出版发行：北京：中国社会科学出版社，1991.12

ISBN 号：7-5004-0914-1

页数：707

原书定价：15.30

开本：19cm

内容提要：本书介绍了佛教的产生、发展及在世界各地的传播，其教义、教理的主要内容，教派、组织及近现代佛教在欧美的状况。

目录

道藏提要

作者：任继愈主编

出版发行：北京：中国社会科学出版社，1991.07

ISBN 号：7-5004-0268-6

页数：1532

原书定价：60

开本：20cm

内容提要：《道藏》是中国古代汇编的大型宗教系列丛书，是道家和道教经典的汇总集合。本书介绍了《道藏》每部书的成书时代，作者和内容，附有目录索引，并简要介绍了道藏书的编撰者。

总目

中国道教史　上

作者：任继愈著；任继愈，黄昭琴编

出版发行：台北：桂冠图书股份有限公司，1991

ISBN 号：9575514416

中国道教史　下

作者：任继愈著；任继愈，黄昭琴编

出版发行：台北：桂冠图书股份有限公司，1991

ISBN 号：9575514424

中国道教史

作者：任继愈主编

出版发行：上海：上海人民出版社，1990.06

ISBN 号：7-208-00704-7

页数：812

原书定价：12.10（精装：16.65）

开本：20cm

内容提要：该书讨论了道教从东汉诞生到现代大约 2000 年的历史发展过程。所涉及的问题包括道教的组织，经典，学说，著名的事物以及道教对民间秘密宗教的影响等等。本书以历史唯物主义为指导，以道教的历史发展为基础，阐述了道教在不同阶段的特点，以及当时社会背景与文化思潮之间的关系。本书对道家思想的研究弥补了过去哲学史上的一些不足。对道家内外炼金术与养生术的研究表明，道教对中国古代科学特别是化学和医学发展的重要贡献。出版后，这本书在中国大陆，香港，台湾和日本的学术界都产生了巨大的影响。

目录

中国哲学史（第3册）

作者：任继愈主编

出版发行：北京：人民出版社，1989

原书定价：2.75

中国佛教史（第3卷）

作者：任继愈主编

出版发行：北京：中国社会科学出版社，1988.04（1997重印本）

ISBN 号：7-5004-0281-3

页数：831

原书定价：20

开本：20cm

目录

中国哲学发展史　魏晋南北朝

作者：任继愈主编

出版发行：北京：人民出版社，1988.04

ISBN 号：7-01-000149-9

页数：914

原书定价：6.70

开本：20cm

内容提要：这本书讨论了魏晋哲学思想，例如玄学的出现，特征，性质和历史作用，以及魏晋佛教思想以及自然科学与哲学之间的关系。

目录

中国哲学史（第2册）两汉魏晋南北朝部分

作者：任继愈主编

出版发行：北京：人民出版社，1988

页数：322

原书定价：1.85

佛教经籍选编

作者：任继愈选编；李富华校注

出版发行：北京：中国社会科学出版社，1985.11

ISBN 号：2190·117

页数：236

原书定价：1.60

开本：20cm

目录

中国佛教史（第2卷）

作者：任继愈主编

出版发行：北京：中国社会科学出版社，1985.11

ISBN 号：2190·118

页数：776

原书定价：5.00

开本：20cm

内容简介：该卷介绍了西晋，十六国，东晋和北方的其他民族的佛教。主要介绍般若理论，佛图澄、释道安的活动和思想，并提出一些新的见解。

目录

中国佛教史（第1卷）

作者：任继愈主编

出版发行：北京：中国社会科学出版社，1985.06（2009.06 重印）

ISBN 号：978-7-5004-0178-0

页数：602

原书定价：38.00

内容提要：本书内容包括：佛教传入以前，秦汉时期中国社会上流行的宗教迷信和方术、佛教输入中国、东汉三国时期的佛教、东汉时期汉译重要佛经剖析等。

目录

老子新译原文对照

作者：任继愈译著

出版发行：上海：上海古籍出版社，1985.05

ISBN 号：2186·1

页数：295

原书定价：1.05

开本：19cm

内容提要：该书主要是对《老子》全文的翻译和注释，并附有重要术语索引，以及马王堆汉墓帛书（释义）甲乙的全文，以供读者参考。此版本是根据 1978 年 3 月的上海古籍出版社版的重新修订。作者对整本书进行了大篇幅更改，并重写了绪论。

目录

中国哲学发展史（秦汉）

作者：任继愈主编

出版发行：北京：人民出版社，1985.02

ISBN 号：7-01-002777-3

页数：758

丛书名：哲学史家文库

原书定价：4.60

开本：20cm

内容提要：本书研究了秦汉的哲学，内容包括秦王朝对封建统治思想的探索、汉初黄老学派、从陆贾到贾谊、司马迁的进步史学、王充的批判哲学、东汉末年的社会批判思潮等。

目录

中国哲学史简编（第2版）

作者：任继愈主编

出版发行：北京：人民出版社，1984.10

ISBN 号：2001·137

内容提要：中国宗教学会、中国南亚学会、陕西省社会科学院和西北大学于 1980 年 9 月在我国文化古都西安联合召开了佛教学术讨论会。出席这次会议的代表提供了大量的佛学论文，从中精选二十篇，辑成此编。这些文章就中国和印度佛教的理论、历史、宗派、现状以及与佛教有关的文化、艺术等方面的问题展开了讨论（包括汉地佛教与藏传佛教）。

中国佛学论文集

作者：任继愈，季羡林等著

出版发行：西安：陕西人民出版社，1984.06

ISBN 号：2094·31

页数：415

原书定价：2.75

开本：20cm

目录

中国哲学发展史　先秦

作者：任继愈主编

出版发行：北京：人民出版社，1983.10

ISBN 号：2001·232

页数：783

原书定价：2.45

开本：21cm

目录

韩非

作者：任继愈

出版发行：北京：中华书局，1982

页数：24

原书定价：0.09

中国佛教史（第 1 卷）

作者：任继愈主编

出版发行：北京：中国社会科学出版社，1981.09

ISBN 号：7-5004-0177-9

原书定价：14.30

页数：579

内容提要：本书内容包括佛教传入以前，秦汉时期中国社会上流行的宗教迷信和方术、佛教输入中国、东汉三国时期的佛教、东汉时期汉译重要佛经剖析等。

目录

序 /1

中国哲学史论

作者：任继愈著

出版发行：上海：上海人民出版社，1981.06

ISBN 号：2074·372

页数：555

原书定价：1.70

开本：21cm

内容提要：该书是近代以来中国哲学研究的特色著作之一，概述了中国哲学史的渊源和历史规律，以及每个时期对国家，社会和人民思想的影响和完善。

目录

汉唐佛教思想论集

作者：任继愈著

出版发行：北京：人民出版社，1981

ISBN 号：2001·208

页数：379

原书定价：1.90

中国哲学史（第 1 册）先秦部分

作者：任继愈主编

出版发行：北京：人民出版社，1979.03

ISBN 号：2001·114

页数：270

原书定价：0.71

目录

中国哲学史（第4册）清代、近代部分

作者：任继愈主编

出版发行：北京：人民出版社，1979

ISBN 号：2001·185

页数：366

原书定价：0.85

目录

中国哲学史简编

作者：任继愈主编

出版发行：北京：人民出版社，1978.10

ISBN 号：2001·137

页数：473

原书定价：1.80

开本：21cm

目录

老子新译

作者：任继愈著

出版发行：上海：上海古籍出版社，1978.03

ISBN 号：2186·1

页数：183

原书定价：0.61

开本：20cm

目录

中国哲学史简编

作者：任继愈主编；《中国哲学史简编》编写组编著

出版发行：北京：人民出版社，1973.10

ISBN 号：2001·136

页数：575

原书定价：0.96

开本：19cm

目录

中国哲学史简编

作者：《中国哲学史简编》编写组编著；任继愈主编

出版发行：北京：人民出版社，1973.10

ISBN 号：2001·137

页数：640

原书定价：1.40

目录

中国哲学史（第1册）先秦部分

作者：任继愈主编

出版发行：北京：人民出版社，1964.09

ISBN 号：2001·114

页数：250

原书定价：0.57

目录

中国哲学史（第2册）两汉魏晋南北朝部分

作者：任继愈编

出版发行：北京：人民出版社，1963.12

ISBN 号：2001·115

页数：294

原书定价：1.20

开本：19cm

目录

中国哲学史（第3册）隋唐五代宋元明部分

作者：任继愈编

出版发行：北京：人民出版社，1964.02

ISBN 号：2001·130

页数：374

原书定价：1.50

开本：19cm

目录

韩非

作者：任继愈著

出版发行：上海：上海人民出版社，1964.04

ISBN 号：11074·345

页数：63

原书定价：0.19

开本：19cm

目录

汉唐佛教思想论集

作者：任继愈著

出版发行：北京：人民出版社，1963.10

ISBN 号：2001·131

页数：348

原书定价：0.85

开本：19cm

目录

汉—唐中国佛教思想论集

作者：任继愈著

出版发行：北京：生活·读书·新知三联书店，1963.10

ISBN号：2002·176

页数：250

原书定价：1.05

开本：19cm

目录

韩非

作者：任继愈编写

出版发行：北京：中华书局，1962.05

ISBN 号：11018·333

页数：25

丛书名：中国历史小丛书

原书定价：0.10

开本：19cm

墨子

作者：任继愈著

出版发行：上海：上海人民出版社，1961

页数：76

原书定价：0.24

开本：19cm

范缜"神灭论"今释

作者：范缜著；任继愈译

出版发行：杭州：浙江人民出版社，1957

页数：19

原书定价：0.08

开本：19cm

老子今译

作者：任继愈

出版发行：古籍出版社，1956.08

ISBN 号：2016·12

页数：90

原书定价：0.34

墨子

作者：任继愈著

出版发行：上海：上海人民出版社，1956.07

ISBN 号：11074·60

页数：76

原书定价：0.24

目录

西洋伦理学名著选辑

作者：（美）郎德（B.Rand）著；徐裕文，任继愈等译

出版发行：商务印书馆，1944

页数：377

开本：32 开

内容提要：选录古代及中世纪的伦理名著、康德以前的伦理名著、康德以后的伦理名著，分为上、中、下三册。本册选有苏格拉底、柏拉图、亚里士多德、芝诺、伊壁鸠鲁、卢克莱修、爱比克泰德、安东尼、普罗提诺、奥古斯丁、彼得阿柏拉德、托马斯·阿奎那的著作。

第三章 社会科学（C）

中国的文化与文人

作者：任继愈著

出版发行：北京：现代出版社，2017.04

ISBN 号：978-7-5143-4412-7

页数：287

原书定价：45.00

开本：24cm

内容提要：本书内容包括：北大的"老"与"大"、松公府旧北大图书馆杂忆、沙滩红楼老北大杂忆、抗战时期西南联大散记、我心中的西南联大、汤用彤先生和他的治学方法、熊十力：昂首天外，挥斥八极等。

目录

竹影集：任继愈自选集

外文题名：SELECTED WORKS OF REN JIYU

作者：任继愈著

出版发行：北京：群言出版社，2015.01

ISBN 号：978-7-80256-650-7

页数：362

丛书名：民盟智库

原书定价：45.00

开本：19cm

内容提要：本书收录了著名哲学家、历史学家任继愈先生的很多文章，这些文章内容丰富，涉及哲学、文化、宗教、历史等多个方面，文笔流畅生动，集科学性、知识性、可读性于一体。使今天的我们读来仍然很受启发，对中国当代多行业多方面工作都具有积极意义，非常值得一读。

目录

任继愈文集

作者：任继愈著

出版发行：北京：国家图书馆出版社，2014.12

ISBN 号：978-7-5013-5356-9

原书定价：1100.00（全 10 册）

开本：26cm

内容提要：《任继愈文集》系统梳理和总结了任继愈先生一生的学术思想和研究成果，为后人研究和学习任继愈先生的思想提供了系统性的学习和参考资料。全书共分八编：宗教学与科学无神论研究、中国哲学史研究、佛教研究、儒教研究、道教研究、论古籍整理、史学研究、杂著。共十册，计 500 万字。

总目录

任继愈自选集

作者：任继愈著

出版发行：北京：群言出版社，2014.11

ISBN 号：978-7-80256-649-1

页数：342

丛书名：民盟历史文献

原书定价：45.00

开本：21cm

内容提要：本书收录了著名哲学家、历史学家任继愈先生的很多文章，这些文章内容丰富，涉及哲学、文化、宗教、历史等多个方面，文笔流畅生动，集科学性、知识性、可读性于一体。使今天的我们读来仍然很受启发，对中国当代多行业多方面工作都具有积极意义，非常值得一读。

目录

师道师说：任继愈卷

作者：任继愈著

出版发行：北京：东方出版社，2013.01

ISBN 号：978-7-5060-5989-3

页数：449

丛书名：中国文化书院九秩导师文集

原书定价：49.00

开本：26cm

内容提要：《任继愈卷》是国学大师任继愈一生哲学思想和宗教研究的理论精华和成果的结晶。任继愈把总结中国古代精神遗产作为毕生的追求和使命，致力于用唯物史观研究中国佛教史和中国哲学。他把佛教哲学研究作为中国哲学研究的一个组成部分，受到毛泽东的重视。

目录

觉悟了的群体才能推动社会——任继愈对话集

作者：任继愈著

出版发行：北京：人民日报出版社，2009.12

ISBN 号：978-7-80208-981-5

页数：296

原书定价：39.80

任继愈自选集

作者：任继愈著

出版发行：北京：首都师范大学出版社，2009.11

ISBN 号：978-7-81119-759-4

页数：509

丛书名：北京社科名家文库

原书定价：69.00

内容提要：本书为任继愈的自选集，主要收录了《学习中国哲学史三十年》，《儒家与儒教》，《中国佛教的特点》，《佛教与东方文化》，《关于中国封建主义的问题》，《清除小农经济思想的影响》，《人才问题杂议》，《北大的"老"与"大"》，《熊十力先生的为人与治学》等文章。

领导干部历史文化讲座——文津演讲录图文本：文化卷

作者：任继愈主编

出版发行：北京：北京图书馆出版社，2009.09

ISBN 号：978-7-5013-4087-3

页数：389

丛书名：文津演讲录（讲座丛书第一编）

原书定价：52.00

开本：16 开

内容提要：在位于北京文津街的"老北图"院内举办的"文津学术文化讲座"，是享誉京城的一个知名讲座品牌，其主讲人都是像任继愈、汤一介、李学勤、方立天、叶嘉莹、楼宇烈、乐黛云等国内一流专家学者，本书由已故国学大师任继愈担任主编，将其中最精彩的部分，分类配图结集出版，目的在于将讲座的精华内容传播给更多读者，使更多的人从中受益。

领导干部历史文化讲座——文津演讲录图文本：资政卷

作者：任继愈主编

出版发行：北京：国家图书馆出版社，2009.09

ISBN 号：978-7-5013-4086-6

页数：365

丛书名：文津演讲录（讲座丛书第一编）

原书定价：54

开本：24

内容提要：本书内容包括：何祚麻生产力的发展规律、陶文钊"9·11"

事件对美国内外政策的影响、郭齐家中国传统教育思想精华与当今素质教育、汤一介新轴心时代的中国文化定位等。

领导干部历史文化讲座—文津演讲录图文本：艺术卷

作者：任继愈主编

出版发行：北京：国家图书馆出版社，2009.09

ISBN 号：978-7-5013-4089-7

页数：378

原书定价：48

开本：24

内容提要：本书内容包括：周汝昌从中华文化看《红楼梦》、卞祖善音乐与人生、刘诗嵘意大利作曲家威尔第百年纪念、徐城北四大名旦比较说、蔡义江《红楼梦》的文学特殊性等。

领导干部历史文化讲座—文津演讲录图文本：史鉴卷

作者：任继愈主编

出版发行：北京：国家图书馆出版社，2009.09

ISBN 号：978-7-5013-4088-0

页数：441

原书定价：56.00

开本：16 开

内容提要：在位于北京文津街的"老北图"院内举办的"文津学术文化讲座"，是享誉京城的一个知名讲座品牌，其主讲人都是像任继愈、汤一介、李学勤、方立天、叶嘉莹、楼宇烈、乐黛云等国内一流专家学者，本书由已故国学大师任继愈担任主编，将其中最精彩的部分，分类配图结集出版，目的在于将讲座的精华内容传播给更多读者，使更多的人从中受益。

皓首学术随笔·任继愈卷

作者：任继愈著

出版发行：北京：中华书局，2006.10

ISBN 号：7-101-05216-9

页数：311

开本：26cm

内容提要：本书为任继愈先生学术随笔自选集，分哲学编、佛教编、道教编和杂文四部分，多为任先生从事中国哲学、佛学、道教研究的精彩学术短文、序言等，其中部分文章曾结集出版，也不乏未刊新作，如《二十一世纪的中国哲学》、《关于〈道德经〉》、《重读〈阿Q正传〉》等。

目录

文津演讲录 之一

作者：任继愈主编；中国国家图书馆分馆编

出版发行：北京：北京图书馆出版社，2002.01

ISBN 号：7-5013-1857-3

页数：281

丛书名：讲座丛书

原书定价：20.00

开本：20cm

内容提要：本书是由国家图书馆分馆组织的 100 场讲座精选而成。其中有：从中华文化看《红楼梦》、唐玄奘取经与《西游记》及其现代启示意义等。

目录

文津演讲录 之二

作者：任继愈主编；中国国家图书馆分馆编

出版发行：北京：国家图书馆出版社，2002.04

ISBN 号：7-5013-1022-X

页数：270

丛书名：讲座丛书

原书定价：20.00

开本：20cm

内容提要：本书是由国家图书馆分馆组织的 100 场讲座精选而成。其中有："新轴心时代的中国文化定位"、"万里长城的历史兴衰与辉煌再创"、"青花瓷"等。

目录

文津演讲录 之三

作者：任继愈主编；中国国家图书馆分馆编

出版发行：北京：国家图书馆出版社，2002.07

ISBN 号：7-5013-1930-8

页数：245

丛书名：讲座丛书

原书定价：20.00

开本：20cm

内容提要：本辑收录了董辅、厉以宁、江平、庞朴、张立文、魏明伦、陈平原、金开诚等知名学者、社会名流的精彩演讲，内容涉及经济、法律、哲学、文学、历史、音乐、环境等多个学科，见解精辟，深入浅出，雅俗共赏，可以帮助读者继往开来，认识未知的世界和新时代。

目录

文津演讲录 之四

作者：任继愈主编；中国国家图书馆分馆著

出版发行：北京：北京图书馆出版社，2003.11

ISBN 号：7-5013-2172-8

页数：221

丛书名：讲座丛书

原书定价：20.00

开本：21cm

内容提要：本书是由国家图书馆分馆组织的 100 场讲座精选而成。其中有周国平的《尼采的哲学贡献》、方克立的《经济全球化形势下的中国文化走向》等。

目录

文津演讲录 之五

作者：任继愈主编；中国国家图书馆分馆编

出版发行：北京：北京图书馆出版社，2005.07

ISBN 号：7-5013-2796-3

页数：342

丛书名：讲座丛书

原书定价：20.00

开本：21cm

内容提要：本书是由国家图书馆分馆组织的 100 场讲座精选而成。包括《哲学的意义》、《论诸葛亮》、《中国宫殿发展史》、《20 世纪初的德国思想趋势》等。

目录

文津演讲录 之六

作者：任继愈主编；国家图书馆古籍馆编

出版发行：北京：北京图书馆出版社，2007.07

ISBN 号：7-5013-3504-4

页数：268

丛书名：讲座丛书

原书定价：20.00

开本：19cm

内容提要：本书是国家图书馆古籍馆承办的"文津讲坛"之精典讲座的结集，收入讲稿 11 篇。

目录

文津演讲录 之七

作者：任继愈编

出版发行：北京：国家图书馆出版社，2008.01

ISBN 号：978-7-5013-3552-7

页数：258

丛书名：讲座丛书

原书定价：20.00

内容提要：本书是根据国家图书馆古籍馆"文津讲坛"的内容整理出版的系列丛书之一。国家图书馆古籍馆"文津讲坛"久负盛名，许多著名专家、学者都曾到此献讲。他们的讲演，见解精辟、格调高雅，润物无声地启迪着人们的心智。为使讲座内容得以普及，编者陆续将其整理成册，结集出版。本册包括10篇讲稿，内容涉及考古学、文学、史学诸方面。

目录

竹影集：任继愈自选集

作者：任继愈著

出版发行：北京：新世界出版社，2002.01

ISBN 号：7-80005-686-4

页数：321

丛书名：名家心语丛书

原书定价：20.00

开本：20cm

内容提要：本书收任继愈自选文章约80篇。其中有：初小老师曹景黄、高小老师夏育轩、初中时期的老师、北平大学附属高中、松公府旧北大图书馆杂忆等。

任继愈自选集

作者：任继愈著；李书敏主编

出版发行：重庆：重庆出版社，2000.11

ISBN 号：7-5366-5125-2

页数：473

丛书名：北京著名学者文集

原书定价：29.00

开本：20cm

内容提要：本书分为哲学篇、儒教篇和佛道篇，包括《从中华民族文化看中国哲学的未来》、《具有中国民族形式的宗教——儒教》等30余篇文章。

天人之际

作者：任继愈著

出版发行：上海：上海文艺出版社，1998.06

ISBN 号：7-5321-1619-0

页数：413

丛书名：学苑英华

原书定价：21.50

开本：20cm

北京图书馆同人文选 第3辑

作者：任继愈主编；《北京图书馆同人文选》编委会编

出版发行：北京：北京图书馆出版社，1997.08

ISBN 号：7-5013-1418-7

页数：518

原书定价：66

开本：26cm

内容提要：1997年适逢北京图书馆开馆85周年，新馆建成10周年。从纪念建馆70周年起，每隔5年在馆庆纪念之际，编辑一辑《同人文选》，这次是《同人文选》的第三辑。本辑文章以《中国图书馆图书分类法》为根据分类、编排，相同类别的文章以发表时间先后为序。

目录

任继愈学术文化随笔

作者：任继愈著

出版发行：北京：中国青年出版社，1996.05

ISBN 号：7-5006-2170-1

页数：308

丛书名：二十世纪中国学术文化随笔大系

原书定价：$16.90

开本：20cm

目录

总序 / 王岳川

第一编 哲学篇

哲学的永恒主题——究天人之际 /003

《易》学与人类文明 /007

把《周易》研究的方法问题提到日程上来 /014

《周易》研究小议 /019

已具备了研究孔子的条件 /022

儒道两家思想在中国何以影响深远 /025

儒家经学的一大变革 /033

李贽思想的进步性 /045

任继愈学术论著自选集

作者：任继愈著

出版发行：北京：北京师范学院出版社，1991.11

ISBN 号：7-81014-302-6

页数：563

原书定价：$19.50

开本：21cm

内容提要：本书是作者中国哲学思想史研究方面的文集。全书收集了作者不同时期写作、发表的各种文章 52 篇，分为五个部分。其中，第一部分诸文论及中国哲学史之实质、特点和研究方法；儒教形成的原因、过程、儒教的实质及其与儒学的关联；魏晋南北朝社会思想之交融及唐宋以后三教合一的状况；朱熹对儒家经学的变革及其思想的宗教性质等等。第二部分诸文论及中国佛教之特点及其与儒教的关系；佛教与东方文化的关系；南北朝佛教经学的心性论；隋唐时期的佛教文化、法相宗的哲学思想，以及编辑《中华大藏经》（汉文部分）的意义等等。第三部分诸文论及中国封建主义与小农经济思想的基础、特点及影响；文化发展的势差规律；对哲学史上的唯心主义的评价；老子研究的方法，以及古籍整理的现代化等等。第四部分诸文论及汤用彤、熊十力的治学方法等。本书附有作者自传及作者主要著作目录索引，对了解作者的学术思想有重要帮助。

目录

（一）

第四章　军事（E）

任继愈谈武圣孙武与《孙子兵法》

作者：任继愈著

出版发行：北京：石油工业出版社，2018.03

ISBN 号：978-7-5183-2367-8

页数：220

丛书名：任继愈哲学系列

原书定价：36.00

开本：32 开

内容提要：《任继愈谈武圣孙武与＜孙子兵法＞》是任继愈先生撰写
的关于孙武、孙膑两位历史人物及其作品的文章合集。含《中国古代
大军事家孙武》、《孙子兵法中的辩证法因素》、《认识论的起点：
孙子兵法序》、《孙膑兵法的哲学思想》等。

第五章　文化、科学、教育、体育（G）

中国传统文化的光明前景

作者：任继愈　李申等编

出版发行：上海．上海教育出版社，2020.3

ISBN：978-7-5444-9854-8

页数：188

原书定价：59.80 元

开本：32 开

目录

李贽改革悲剧给后人的启示

中国古代宰相的职能

中国古代的宦官与君主专制

为《四库全书》正名

汉字为中华民族立了大功

汉字识繁用简的必要与可能

科举考试制度值得借鉴

恢复手脑并用的好传统

经典教育：孩子们的"维生素"

为人与成佛

自由与包容西南联大人和事

作者：任继愈

出版发行：南昌：江西教育出版社，2017.05

ISBN 号：978-7-5392-9592-3

页数：251

原书定价：36.00

开本：21cm

内容提要：本书分联大永存和桃李芬芳。内容包括：抗日战争时期的北京大学、抗战时期西南联大散记、我心中的西南联大、回忆西南联大、《西南联大启示录》观后感、"小长征"决定哲学救国等。

目录

任继愈论古籍整理

作者：任继愈

出版发行：北京：国家图书馆出版社，2016.12

ISBN 号：978-7-5013-6006-2

页数：204

丛书名：任继愈著作系列

原书定价：24.00

任继愈论文化与教育

作者：任继愈

出版发行：北京：国家图书馆出版社，2016.12

ISBN 号：978-7-5013-6005-5

丛书名：任继愈著作系列

原书定价：20.00

内容提要：本书收入任继愈先生关于人文精神与道德建设、人才培养、传统文化与经典教育、北大与西南联大、文化交流、杂记等方面论说文章 46 篇。从中可以看到任继愈先生关心国家文化与教育事业的拳拳爱国之心，以及对于文化与教育事业的历史、现实、未来的深刻体察与远见卓识。

目录

任继愈谈文化

作者：任继愈著

出版发行：北京：人民日报出版社，2010.10

ISBN 号：978-7-5115-0138-7

页数：349

丛书名：人民日报名家谈系列

原书定价：45.00

内容提要：中国传统文化积千年不中断，保持发展，这是世界文化史的奇迹。中国传统文化的历史为人类的文明史提供了有力证明，它展示了一个个活生生的人类进步的实例。中国文化有条件来做出这样的论证。本书收录任继愈先生的有关中国儒学、道学、佛学、哲学、墨学等中国传统文化的论文。

明本

作者：任继愈主编；赵前著（该分册）

出版发行：南京：江苏古籍出版社，2003.08

ISBN 号：7-80643-786-X

页数：170

丛书名：中国版本文化丛书

原书定价：22.00

开本：23cm

内容提要：本书结合大量插图和书影图像介绍明代刻本，阐述了明代刻本的时代背景、雕刻机构和条件，同时介绍了明代刻本的精品。

批校本

作者：任继愈主编；韦力著（该分册）

出版发行：南京：江苏古籍出版社，2003.08

ISBN 号：7-80643-792-4

页数：225

丛书名：中国版本文化丛书

内容提要：本书介绍了批校本概念及其起源，校书的方法，批校本的种类，批校本之作伪及其方式，钱谦益、毛晋、傅山、沈大成等著名批校家及其批校本。

文津学志（第 1 辑）

作者：任继愈主编；国家图书馆善本特藏部编

出版发行：北京：北京图书馆出版社，2003.05

ISBN 号：7-5013-2085-3

页数：260

原书定价：35.00

开本：26cm

内容提要：本书设特刊、文献研究、敦煌研究、文史专论以及其他五个专栏文章，共计 13 篇。即《古体彝文字源考》、《佛教大藏经的雕刻、印刷、流通制度》等。

目录

插图本

作者：任继愈主编；薛冰著（该分册）

出版发行：南京：江苏古籍出版社，2002.12

ISBN 号：7-80643-796-7

页数：204

丛书名：中国版本文化丛书

原书定价：20.00

开本：23cm

内容提要：本书结合大量图片与书影图像，对中国古代插图版本的书籍进行了详细介绍。分别阐述了版画的产生、早期版刻插图、新式印刷时期的书籍插图等，同时介绍了中国古代插图版本中的经典。

坊刻本

作者：任继愈主编；黄镇伟著（该分册）

出版发行：南京：江苏古籍出版社，2002.12

ISBN 号：7-80643-794-0

页数：184

丛书名：中国版本文化丛书

原书定价：19.00

开本：23cm

内容提要：本书共分"历史文化视野中的坊刻本"、"坊本菁华谱"和"书坊春秋录"三篇，介绍了中国坊刻本的总体情况。

佛经版本

作者：任继愈主编；李际宁著（该分册）

出版发行：南京：江苏古籍出版社，2002.12

ISBN 号：7-80643-790-8

页数：182

丛书名：中国版本文化丛书

原书定价：19.00

开本：23cm

内容提要：本书通过大量图片与书影，配以解说，对中国佛经的版本进行了详细介绍，内容包括中国佛典的概念、早期刻印本佛典，以及历代大藏经。

稿本

作者：任继愈主编；江庆柏等著（该分册）

出版发行：南京：江苏古籍出版社，2002.12

ISBN 号：7-80643-791-6

页数：186

丛书名：中国版本文化丛书

原书定价：19.00

开本：23cm

内容提要：本书结合大量图片与书影介绍了中国古籍的版本学，阐述了稿本的种类、形式，稿本的鉴定等，同时介绍了稿本中的精品。

活字本

作者：任继愈主编；徐忆农著

出版发行：南京：江苏古籍出版社，2002.12

ISBN 号：7-80643-795-9

页数：198

丛书名：中国版本文化丛书

原书定价：23.00

开本：230cm

内容提要：本书通过多幅插图和书影，对中国活字本书籍进行了介绍，阐述了文献记载的活字印刷术，以及活字与活字印本的传世之作。

家刻本

作者：任继愈主编；王桂平著（该分册）

出版发行：南京：江苏古籍出版社，2002.12

ISBN 号：7-80643-797-5

页数：200

丛书名：中国版本文化丛书

原书定价：20.00

开本：23cm

内容提要：本书通过大量的插图与书影介绍了中国古典典籍中的家刻本，阐述其起源、目的、特点及地位等，同时介绍了家刻本中的经典版本。

清刻本

作者：任继愈主编；黄裳著；董宁文编（该分册）

出版发行：南京：江苏古籍出版社，2002.12

ISBN 号：7-80643-787-8

页数：207

丛书名：中国版本文化丛书

原书定价：21.00

开本：23cm

内容提要：本书以清刻本的形式，收录大量书影的图像，介绍了黄裳的《七歌》、《吴越诗选》、《大山诗集》、《鸡肋集》等。

少数民族古籍版本民族文字古籍

作者：任继愈主编；黄润华，史金波著（该分册）

出版发行：南京：江苏古籍出版社，2002.12

ISBN 号：7-80643-788-6

页数：169

丛书名：中国版本文化丛书

原书定价：17.00

开本：23cm

内容提要：本书通过多幅插图与书影图像介绍了中国少数民族古籍版本，同时阐述了它在丰富中华民族文化方面的作用。

宋本

作者：任继愈主编；张丽娟，程有庆著（该分册）

出版发行：南京：江苏古籍出版社，2002.12

ISBN 号：7-80643-784-3

页数：165

丛书名：中国版本文化丛书

原书定价：19.00

开本：23cm

内容提要：本书结合大量插图与书影图像介绍了古代典籍中的宋刻本，阐述了宋代印刷业的繁荣、版画的特点等，同时对典型的珍本进行了介绍。

新文学版本

作者：任继愈主编；姜德明著（该分册）

出版发行：南京：江苏古籍出版社，2002.12

ISBN 号：7-80643-789-4

页数：193

丛书名：中国版本文化丛书

原书定价：20.00

开本：23cm

内容提要：本书包括《新文学版本的诞生》、《土纸书的特殊价值》、《张恨水的〈弯弓集〉》、《郭沫若与〈北伐〉》、《〈阿 Q 正传〉公演特刊》等八十余篇文章。

元本

作者：任继愈主编；陈红彦著（该分册）

出版发行：南京：江苏古籍出版社，2002.12

ISBN 号：7-80643-785-1

页数：192

丛书名：中国版本文化丛书

原书定价：19.00

开本：23cm

内容提要：本书通过大量插图与书影图像介绍了元刻本，阐述了元代刻本的时代背景、刻制机构和情况，同时对元代刻本的精品进行了介绍。

中国书源流

作者：任继愈主编；奚椿年著（该分册）

出版发行：南京：江苏古籍出版社，2002.12

ISBN 号：7-80643-783-5

页数：245

丛书名：中国版本文化丛书

原书定价：25.00

开本：23cm

内容提要：本书结合多幅插图和书影图像，介绍了中国书籍的发展历史，阐述了从中国文字的创造到书籍的出现，文字的载体和书籍的起源，以及中国第一批著作家。

20 世纪中国学术大典·宗教学

作者：任继愈主编；卓新平执行主编

出版发行：福州：福建教育出版社，2002.09

ISBN 号：7-5334-3020-4

页数：446

原书定价：110.00

开本：26cm

内容提要：这是一本以词条形式总结中国学者在自然科学、工程技术、社会科学、人文科学等领域学术成果的大型工具书。本书以学科研究、专题研究、学术人物、学术名著、学术机构、学术团体等形式介绍宗教概况。

中国藏书楼（壹、贰、叁）

作者：任继愈主编

出版发行：沈阳：辽宁人民出版社，2001.01

ISBN 号：7-205-04475-8

页数：2224

原书定价：218.00

开本：21cm

内容提要：本书概括了中国几千年的藏书史，反映了中国古代社会文化建设、发展的历程，记载着中华古代文化对人类做出的巨大贡献。

目录

中国文化大典

作者：任继愈主编

出版发行：太原：山西教育出版社，1999.03

ISBN 号：7-5440-1667-6

页数：3309

原书定价：495

开本：26cm

总目录

国立北平图书馆馆刊

作者：任继愈著

出版发行：北京：书目文献出版社，1992.10

ISBN 号：7-5013-0924-8

原书定价：950.00（全十册）

附注：繁体竖排

内容提要：本馆刊是抗战前国立北平图书馆（现北京图书馆）所编的学术杂志。从 1928 年 5 月至 1937 年 2 月，共出版 11 卷 61 号。其内容包括文史论著、目录校勘、书目题跋、图书评介、书林史话等。

第六章　文学（I）

中华传世文选·昭明文选

作者：任继愈主编；（梁）萧统，（唐）李善注编

出版发行：长春：吉林人民出版社，1998.10

ISBN 号：7-206-03015-7

页数：1112

丛书名：中华传世文选

原书定价：3600.00（全 20 册）

开本：26cm

内容提要：本书分为六十卷，收录古典诗歌及古典散文约 300 篇，包括班孟坚两都赋二首、张平子东京赋、曹子建七哀诗等。

中华传世文选·汉魏六朝百三家集选

作者：任继愈主编；（明）张溥编；（清）吴汝纶选

出版发行：长春：吉林人民出版社，1998.10

ISBN 号：7-206-03015-7

页数：763

丛书名：中华传世文选

原书定价：3600.00（全 20 册）

开本：26cm

内容提要：本书选汉代至隋名家 103 人的作品，颇有影响，后有清人吴

汝纶又从百三家中选出 68 人，编为此书，并有名家批注。

中华传世文选·唐文粹

作者：任继愈主编；（宋）姚铉编

出版发行：长春：吉林人民出版社，1998.10

ISBN 号：7-206-03015-7

页数：1016

丛书名：中华传世文选

原书定价：3600.00（全 20 册）

中华传世文选·宋文鉴　上

作者：任继愈主编；（宋）吕祖谦编

出版发行：长春：吉林人民出版社，1998.10

ISBN 号：7-206-03015-7

页数：620

丛书名：中华传世文选

原书定价：3600.00（全 20 册）

中华传世文选·宋文鉴　下

作者：任继愈主编；（宋）吕祖谦编

出版发行：长春：吉林人民出版社，1998.10

ISBN 号：7-206-03015-7

页数：1328

丛书名：中华传世文选

原书定价：3600.00（全20册）

中华传世文选·南宋文苑

作者：任继愈主编；（清）庄仲方编

出版发行：长春：吉林人民出版社，1998.10

ISBN 号：7-206-03015-7

页数：1091

丛书名：中华传世文选

原书定价：3600.00（全20册）

开本：26cm

内容提要：本书凡七十卷，附外编四卷，包括赋、乐府、奏疏、书、策、论、序、跋、记、议、辩、墓铭等。

中华传世文选·辽文存 金文雅 元文类

作者：任继愈主编；（清）缪荃孙等编；

出版发行：长春：吉林人民出版社，1998.10

ISBN 号：7-206-03015-7

页数：1031

丛书名：中华传世文选

原书定价：3600.00（全20册）

开本：26cm

内容提要：《辽文存》所收资料以金石碑刻居多。《金文雅》是流传下来的最早的金代文总集。《元文类》成书于顺帝元统二年（1334），共收录名家诗、文八百余篇。

中华传世文选·明文衡

作者：任继愈主编；（明）程敏政编

出版发行：长春：吉林人民出版社，1998.10

ISBN 号：7-206-03015-7

页数：902

丛书名：中华传世文选

原书定价：3600.00（全20册）

中华传世文选·明文在

作者：任继愈主编；（明）薛熙编

出版发行：长春：吉林人民出版社，1998.10

ISBN 号：7-206-03015-7

页数：600

丛书名：中华传世文选

原书定价：3600.00（全20册）

开本：26cm

内容提要：本书共一百卷，收录明代文章700余篇，包括《北京赋》、《朝会乐章》、《琴操一首》、《寻春》、《写怀》、《诗穷》等。

中华传世文选·清朝文征　上

作者：任继愈主编；（清）吴翌凤编

出版发行：长春：吉林人民出版社，1998.10

ISBN 号：7-206-03015-7

页数：774

丛书名：中华传世文选

原书定价：3600.00（全20册）

中华传世文选·清朝文征　下

作者：任继愈主编；（清）吴翌凤编

出版发行：长春：吉林人民出版社，1998.10

ISBN 号：7-206-03015-7

页数：1622

丛书名：中华传世文选

原书定价：3600.00（全20册）

中华传世文选·晚清文选

作者：任继愈主编；郑振铎编

出版发行：长春：吉林人民出版社，1998.10

ISBN 号：7-206-03015-7

页数：782

丛书名：中华传世文选

原书定价：3600.00（全20册）

开本：26cm

内容提要：本书收晚清时期的作品400余篇，作者有林则徐、洪秀全等，作品内容包括政治、文学、史学等论文。

中华传世文选·古文渊鉴 上

作者：任继愈主编；（清）康熙帝选，徐乾学等编

出版发行：长春：吉林人民出版社，1998.10

ISBN 号：7-206-03015-7

页数：628

丛书名：中华传世文选

原书定价：3600.00（全20册）

中华传世文选·古文渊鉴 下

作者：任继愈主编；（清）康熙帝选；徐乾学等编

出版发行：长春：吉林人民出版社，1998.10

ISBN 号：7-206-03015-7

页数：1394

丛书名：中华传世文选

原书定价：3600.00

开本：27cm

中华传世文选·文苑英华选

作者：任继愈主编；（宋）李昉等编；（清）宫梦仁选

出版发行：长春：吉林人民出版社，1998.10

ISBN 号：7-206-03015-7

页数：746

丛书名：中华传世文选

原书定价：3600.00（全20册）

开本：26cm

内容提要：本书分为六十卷，收文章1000余篇，包括《初月赋》、《新月误惊鱼赋》、《北斗赋》、《庆云见》、《谢河东公启》等。

中华传世文选·骈文类纂

作者：任继愈主编；（清）王先谦编

出版发行：长春：吉林人民出版社，1998.10

ISBN 号：7-206-03015-7

页数：1019

丛书名：中华传世文选

原书定价：3600.00（全20册）

中华传世文选·古文辞类纂

作者：任继愈主编

出版发行：长春：吉林人民出版社，1998.10

ISBN 号：7-206-03015-7

页数：976

丛书名：中华传世文选

开本：26cm

中华传世文选·经史百家杂钞

作者：任继愈主编；（清）曾国藩编

出版发行：长春：吉林人民出版社，1998.10

ISBN 号：7-206-03015-7

页数：855

丛书名：中华传世文选

原书定价：3600.00（全20册）

开本：26cm

中华传世文选·历代名人书札　明清文才调集

作者：任继愈主编；（清）吴曾祺，许振祎编

出版发行：长春：吉林人民出版社，1998.10

ISBN号：7-206-03015-7

页数：996

丛书名：中华传世文选

原书定价：3600.00（全20册）

开本：26cm

内容提要：《历代名人书札》共四卷，上自周秦，下至清末。言事达情，书札为重，本书集历代名人书札之精华，采其之可取。

中华传世文选·古文观止　续古文观止　宫闺文选

作者：任继愈主编；（清）吴楚材，吴调侯等编

出版发行：长春：吉林人民出版社，1998.10

ISBN号：7-206-03015-7

页数：763

丛书名：中华传世文选

原书定价：3600.00（全20册）

开本：26cm

内容提要：《古文观止》襄括自先秦至民初古文没落两千多年间中国古文精华。它所录文章大多是各个时代的名著选段和名家作品。《续古文观止》，共选明末清初至民国初年的文章 174 篇，计 65 位作家，该选本书文精当，注重各家各派的代表性。《宫闺文选》分为 26 卷，包括捣素赋、劳韦安石手制、上成帝疏、为父尚书、古今女史序等 500 余篇文章。

魏晋玄学中的社会政治思想略论

作者：汤用彤，任继愈著

出版发行：上海：上海人民出版社，1956.02

页数：46

第七章　艺术（J）

中国国家图书馆碑帖精华

作者：任继愈主编

出版发行：北京：北京图书馆出版社，2001.12

ISBN 号：7-5013-1844-5

原书定价：7800.00（8 册）

第八章　历史、地理（K）

任继愈论历史人物

作者：任继愈

出版发行：北京：国家图书馆出版社，2016.12

ISBN 号：978-7-5013-6001-7

页数：312

丛书名：任继愈著作系列

原书定价：36.00

内容提要：本书收入任继愈先生有关中国历史人物的论说文章 53 篇，按照古代、近代、现代、其他予以划分。内容包括从古至今比较重要的政治家、史学家、哲学家、军事家、文学家、教育家等，书后附有对自己初小、高小及初中老师的回忆文章。主要侧重现代，评价、回忆师友文章居多。

目录

念旧企新：任继愈自述

作者：任继愈著

出版发行：北京：人民日报出版社，2011.01

ISBN 号：978-7-5115-0146-2

原书定价：48.00

内容提要：《念旧企新：任继愈自述》是国学大师任继愈先生自述文章的汇编，含生平、家世、少年、青年及求学经历、爱情与婚姻、师友交往、学术主张等，基本勾勒出了任继愈先生的精彩一生。

任继愈和他的师友们

作者：任继愈著，殷学仁纂

出版发行：北京：中共中央党校出版社，2010.10

ISBN 号：978-7-5035-4419-4

页数：248

原书定价：39.00

开本：25cm

中华五千年的历史经验：任继愈讲演集

作者：任继愈著

出版发行：北京：人民日报出版社，2010.08

ISBN 号：978-7-5115-0126-4

页数：354

丛书名：中华文化复兴方阵

原书定价：45.00

开本：16 开

内容提要：本书是任继愈先生演讲文章的汇编，含讲座、演讲、学术发言、公开场合的讲话等。文章包括：论儒教的形成、如何看待哲学史上的唯心主义、关于中国封建主义的问题、清除小农经济思想的影响等。

党员领导干部十三堂历史镜鉴课

作者：任继愈，杨天石等著

出版发行：北京：华文出版社，2010.04

ISBN 号：978-7-5075-3101-5

页数：246

丛书名：党员领导干部能力素养大课堂

原书定价：49.80

内容提要：本书紧扣构建社会主义和谐社会、实现社会主义现代化的实际战略所需，精心拮取了任继愈、钱穆、周思源等史家巨擘的相关历史研究成果，立足时下，以当代眼光对贞观之治、戊戌变法、"康乾盛世"等重大课题进行了争鸣剖析。

目录

中日文化交流史话

作者：王晓秋著，任继愈主编

出版发行：商务出版社，2007.07

ISBN 号：7-100-02092-1

丛书名：中国文化史知识丛书

国际汉学　第 1 期

作者：任继愈主编；《国际汉学》编委会编

出版发行：北京：商务印书馆，1995.01

ISBN 号：7-100-01782-3

页数：546

原书定价：22

开本：20cm

内容提要：英文题名：International sinology：设：文史新探、敦煌学研究、汉学研究机构介绍等栏目。

国际汉学第 2 辑

作者：任继愈主编

出版发行：郑州：大象出版社，1998.10

ISBN 号：7-5347-2228-4

页数：480

原书定价：21

开本：20cm

国际汉学第 3 辑

作者：任继愈主编

出版发行：郑州：大象出版社，1999.04

ISBN 号：7-5347-2322-1

页数：602

原书定价：28.90

开本：20cm

国际汉学第 4 辑

作者：任继愈主编

出版发行：郑州：大象出版社，1999.08

ISBN 号：7-5347-2361-2

页数：537

原书定价：26.60

开本：20cm

国际汉学第 5 辑

作者：任继愈主编

出版发行：郑州：大象出版社，2000.06

ISBN 号：7-5347-2400-7

页数：574

原书定价：28.60

开本：20cm

国际汉学第 6 辑

作者：任继愈主编

出版发行：郑州：大象出版社，2000.12

ISBN 号：7-5347-2481-3

页数：521

原书定价：26.60

开本：20cm

国际汉学第 7 辑

作者：任继愈主编

出版发行：郑州：大象出版社，2002.04

ISBN 号：7-5347-2661-1

页数：481

原书定价：26.00

开本：21cm

国际汉学　第 8 辑

作者：任继愈主编

出版发行：郑州：大象出版社，2003.05

ISBN 号：7-5347-2596-8

页数：455

原书定价：25.00

开本：21cm

内容提要：本书内设汉学一家言、汉学家专页、汉学史研究、中西文化交流史、中国文化在世界、文学研究、中国古代史研究以及宗教史研究等八个专题。

国际汉学　第 9 辑

作者：任继愈主编

出版发行：郑州：大象出版社，2003.09

ISBN 号：7-5347-3155-0

页数：312

原书定价：28.00（USD10.00）

开本：24cm

内容提要：本书是汉学研究文集，其理论文章涉及汉学理论研究、中外文化交流史、中国文史研究，以及汉语学习史研究等领域。

国际汉学　第 10 辑

作者：任继愈主编

出版发行：郑州：大象出版社，2004.03

ISBN 号：7-5347-3263-8

页数：312

原书定价：28.00

开本：24cm

内容提要：本书是对汉学研究的文集，文章涉及汉学专家的理论研究，汉学家访谈，中国语言文学研究，及中西文化交流史等领域。

国际汉学 第 11 辑

作者：任继愈主编

出版发行：郑州：大象出版社，2004.09

ISBN 号：7-5347-3505-X

页数：312

原书定价：28.00

开本：24cm

内容提要：本辑分为"汉学一家言"、"汉学家专页"、"西方早期汉学"、"中西文化交流史"、"中国哲学研究"等十一个部分，共近 30 篇论文。

国际汉学 第 12 辑

作者：任继愈主编

出版发行：郑州：大象出版社，2005.11

ISBN 号：7-5347-3790-7

页数：314

原书定价：28.00

开本：24cm

内容提要：北京外国语大学海外汉学研究中心主办。本辑分为汉学一家言、汉学家专页、汉学家访谈录、入华传教士研究、中西文化交流史、中国宗教思想研究等十一个部分，共近 30 篇论文。

国际汉学 第 13 辑

作者：任继愈主编

出版发行：郑州：大象出版社，2005.11

ISBN 号：7-5347-3989-6

页数：314

原书定价：28.00

开本：24cm

内容提要：北京外国语大学海外汉学研究中心主办。本辑分为汉学一家言、汉学家专页、汉学家访谈录、德国汉学研究、入华传教士研究、中国语言研究等十个部分，共 20 余篇论文。

国际汉学　第 14 辑

作者：任继愈主编

出版发行：郑州：大象出版社，2006.05

ISBN 号：7-5347-4220-X

页数：314

开本：26cm

内容提要：本辑"汉学家专页"和"汉学家访谈录"分别聚焦法国汉学苏远鸣、俄罗斯汉学李福清。"传教士汉学和中国基督教史研究"尤其是前者仍是本刊的特色版块。特设内容"中国文化在西方"，涉及中国艺术、《红楼梦》和孔子思想等在欧洲的深入影响。

国际汉学　第 15 辑

作者：任继愈主编

出版发行：郑州：大象出版社，2007.04

ISBN 号：7-5347-3453-3

页数：314

原书定价：28.00

开本：23cm

内容提要：北京外国语大学海外汉学研究中心主办。本辑包括：汉学一家言、汉学家专页、欧美汉学史研究、中国文化在世界、汉学文献研究、书评与书介、汉学机构介绍与动态等部分。

国家图书馆藏敦煌遗书 第 1 册 北敦 00001 号 – 北敦 00071 号

作者：任继愈主编；中国国家图书馆编

出版发行：北京：北京图书馆出版社，2005.10

ISBN 号：7-5013-2943-5

页数：451

原书定价：990.00

开本：37cm

内容提要：《国家图书馆藏敦煌遗书》以中国国家图书馆收藏的敦煌遗书为底本影印出版，内容包括1910年从敦煌藏经洞解京的全部经卷、新中国成立以来入藏的全部"新字号"藏品以及国家图书馆收藏的全部残片，总计约16000件，这是迄今为止，披露该馆敦煌遗书收藏品最大最全的一部大型图录。

国家图书馆藏敦煌遗书 第 2 册 北敦 00072 号 – 北敦 00134 号

作者：任继愈主编；中国国家图书馆编

出版发行：北京：北京图书馆出版社，2005.10

ISBN 号：7-5013-2944-3

页数：495

原书定价：990.00

开本：37cm

国家图书馆藏敦煌遗书 第3册 北敦00135号 – 北敦00200号

作者：任继愈主编；中国国家图书馆编

出版发行：北京：北京图书馆出版社，2005.10

ISBN号：7-5013-2945-1

页数：473

原书定价：990.00

开本：37cm

国家图书馆藏敦煌遗书 第4册 北敦00201号 – 北敦00273号

作者：任继愈主编；中国国家图书馆编

出版发行：北京：北京图书馆出版社，2005.12

ISBN号：7-5013-2946-X

页数：478

原书定价：990.00

开本：37cm

国家图书馆藏敦煌遗书 第5册 北敦00274号 – 北敦00358号

作者：任继愈主编；中国国家图书馆编

出版发行：北京：北京图书馆出版社，2005.10

ISBN号：7-5013-2947-8

页数：477

原书定价：990.00

开本：37cm

国家图书馆藏敦煌遗书 第 6 册 北敦 00359 号 – 北敦 00435 号

作者：任继愈主编；中国国家图书馆编

出版发行：北京：北京图书馆出版社，2005.10

ISBN 号：7-5013-2948-6

页数：474

原书定价：990.00

开本：37cm

国家图书馆藏敦煌遗书 第 7 册 北敦 00436 号 – 北敦 00502 号

作者：任继愈主编；中国国家图书馆编

出版发行：北京：北京图书馆出版社，2005.12

ISBN 号：7-5013-2949-4

页数：389

原书定价：990.00

开本：37cm

国家图书馆藏敦煌遗书 第 8 册 北敦 00503 号 – 北敦 00600 号

作者：任继愈主编；中国国家图书馆编

出版发行：北京：北京图书馆出版社，2005.12

ISBN 号：7-5013-2950-8

页数：391

原书定价：990.00

开本：37cm

国家图书馆藏敦煌遗书 第 9 册 北敦 00601 号 – 北敦 00669 号

作者：任继愈主编；中国国家图书馆编

出版发行：北京：北京图书馆出版社，2006.01

ISBN 号：7-5013-2951-6

页数：390

原书定价：990.00

开本：37cm

国家图书馆藏敦煌遗书 第 10 册 北敦 00670 号 – 北敦 00759 号

作者：任继愈主编；中国国家图书馆编

出版发行：北京：北京图书馆出版社，2006.01

ISBN 号：7-5013-2952-4

页数：394

原书定价：990.00

开本：37cm

国家图书馆藏敦煌遗书 第 11 册 北敦 00760 号 – 北敦 00825 号

作者：任继愈主编；中国国家图书馆编

出版发行：北京：北京图书馆出版社，2006.01

ISBN 号：7-5013-2953-2

页数：386

原书定价：990.00

开本：37cm

国家图书馆藏敦煌遗书 第 12 册 北敦 00826 号 – 北敦 00881 号

作者：任继愈主编；中国国家图书馆编

出版发行：北京：北京图书馆出版社，2005.12

ISBN 号：7-5013-2954-0

页数：384

原书定价：990.00

开本：37cm

国家图书馆藏敦煌遗书 第 13 册 北敦 00882 号 – 北敦 00943 号

作者：任继愈主编；中国国家图书馆编

出版发行：北京：北京图书馆出版社，2006.01

ISBN 号：7-5013-2955-9

页数：378

原书定价：990.00

开本：37cm

国家图书馆藏敦煌遗书 第 14 册 北敦 00944 号 – 北敦 01000 号

作者：任继愈主编；中国国家图书馆编

出版发行：北京：北京图书馆出版社，2005.12

ISBN 号：7-5013-2956-7

页数：382

原书定价：990.00

开本：37cm

国家图书馆藏敦煌遗书 第 15 册 北敦 01001 号 – 北敦 01061 号

作者：任继愈主编；中国国家图书馆编

出版发行：北京：北京图书馆出版社，2005.12

ISBN 号：7-5013-2957-5

页数：418

原书定价：990.00

开本：37cm

国家图书馆藏敦煌遗书 第 16 册 北敦 01062 号 – 北敦 01131 号

作者：任继愈主编；中国国家图书馆编

出版发行：北京：北京图书馆出版社，2006.01

ISBN 号：7-5013-2958-3

页数：408

原书定价：990.00（全套）

开本：38cm

国家图书馆藏敦煌遗书 第 17 册 北敦 01132 号 – 北敦 01200 号

作者：任继愈主编；中国国家图书馆编

出版发行：北京：北京图书馆出版社，2006.01

ISBN 号：7-5013-2959-1

页数：396

原书定价：990.00（全套）

开本：38cm

国家图书馆藏敦煌遗书 第 18 册 北敦 01201 号 – 北敦 01254 号

作者：任继愈主编；中国国家图书馆编

出版发行：北京：北京图书馆出版社，2006.02

ISBN 号：7-5013-2960-5

页数：405

原书定价：990.00（全套）

开本：38cm

国家图书馆藏敦煌遗书 第 19 册 北敦 01255 号 – 北敦 01314 号

作者：任继愈主编；中国国家图书馆编

出版发行：北京：北京图书馆出版社，2006.02

ISBN 号：7-5013-2961-3

页数：418

原书定价：990.00（全套）

开本：38cm

国家图书馆藏敦煌遗书 第 20 册 北敦 01315 号 – 北敦 01400 号

作者：任继愈主编；中国国家图书馆编

出版发行：北京：北京图书馆出版社，2006.02

ISBN 号：7-5013-2962-1

页数：440

原书定价：990.00

开本：37cm

国家图书馆藏敦煌遗书 第 21 册 北敦 01401 号 – 北敦 01494 号

作者：任继愈主编；中国国家图书馆编

出版发行：北京：北京图书馆出版社，2006.03

ISBN 号：7-5013-2963-X

页数：405

原书定价：990.00（全套）

开本：38cm

国家图书馆藏敦煌遗书 第 22 册 北敦 01495 号 – 北敦 01600 号

作者：任继愈主编；中国国家图书馆编

出版发行：北京：北京图书馆出版社，2006.03

ISBN 号：7-5013-2964-8

页数：410

原书定价：990.00（全套）

开本：38cm

国家图书馆藏敦煌遗书 第 23 册 北敦 01601 号 – 北敦 01698 号

作者：任继愈主编；中国国家图书馆编

出版发行：北京：北京图书馆出版社，2006.03

ISBN 号：7-5013-2965-6

页数：354

原书定价：990.00

开本：37cm

国家图书馆藏敦煌遗书 第 24 册 北敦 01699 号 – 北敦 01800 号

作者：任继愈主编；中国国家图书馆编

出版发行：北京：北京图书馆出版社，2006.03

ISBN 号：7-5013-2966-4

页数：356

原书定价：990.00

开本：37cm

国家图书馆藏敦煌遗书 第 25 册 北敦 01801 号 – 北敦 01868 号

作者：任继愈主编；中国国家图书馆编

出版发行：北京：北京图书馆出版社，2006.04

ISBN 号：7-5013-2967-2

页数：425

原书定价：990.00

开本：37cm

国家图书馆藏敦煌遗书 第 26 册 北敦 01869 号 – 北敦 01931 号

作者：任继愈主编；中国国家图书馆编

出版发行：北京：北京图书馆出版社，2006.04

ISBN 号：7-5013-2968-0

页数：413

原书定价：990.00

开本：37cm

国家图书馆藏敦煌遗书 第 27 册 北敦 01932 号 – 北敦 02000 号

作者：任继愈主编；中国国家图书馆编

出版发行：北京：北京图书馆出版社，2006.04

ISBN 号：7-5013-2969-9

页数：447

原书定价：990.00

开本：37cm

国家图书馆藏敦煌遗书 第 28 册 北敦 02001 号 – 北敦 02067 号

作者：任继愈主编；中国国家图书馆编

出版发行：北京：北京图书馆出版社，2006.04

ISBN 号：7-5013-2970-2

页数：423

原书定价：990.00

开本：37cm

国家图书馆藏敦煌遗书 第 29 册 北敦 02068 号 – 北敦 02123 号

作者：任继愈主编；中国国家图书馆编

出版发行：北京：北京图书馆出版社，2006.04

ISBN 号：7-5013-2971-0

页数：429

原书定价：990.00

开本：37cm

国家图书馆藏敦煌遗书 第 30 册 北敦 02124 号 – 北敦 02200 号

作者：任继愈主编；中国国家图书馆编

出版发行：北京：北京图书馆出版社，2006.04

ISBN 号：7-5013-2972-9

页数：431

原书定价：990.00

开本：37cm

国家图书馆藏敦煌遗书 第 31 册 北敦 02201 号 – 北敦 02254 号

作者：任继愈主编；中国国家图书馆编

出版发行：北京：北京图书馆出版社，2006.08

ISBN 号：7-5013-2973-7

页数：421

原书定价：990.00（全套）

开本：38cm

国家图书馆藏敦煌遗书 第 32 册 北敦 02255 号 – 北敦 02310 号

作者：任继愈主编；中国国家图书馆编

出版发行：北京：北京图书馆出版社，2006.08

ISBN 号：7-5013-2974-5

页数：420

原书定价：990.00（全套）

开本：38cm

国家图书馆藏敦煌遗书 第33册 北敦02311号 – 北敦02400号

作者：任继愈主编；中国国家图书馆编

出版发行：北京：北京图书馆出版社，2006.08

ISBN号：7-5013-2975-3

页数：418

原书定价：990.00（全套）

开本：38cm

国家图书馆藏敦煌遗书 第34册 北敦02401号 – 北敦02500号

作者：任继愈主编；中国国家图书馆编

出版发行：北京：北京图书馆出版社，2006.09

ISBN号：7-5013-2976-1

页数：442

原书定价：990.00（全套）

开本：38cm

国家图书馆藏敦煌遗书 第35册 北敦02501号 – 北敦02600号

作者：任继愈主编；中国国家图书馆编

出版发行：北京：北京图书馆出版社，2006.09

ISBN号：7-5013-2977-X

页数：454

原书定价：990.00（全套）

开本：38cm

国家图书馆藏敦煌遗书 第 36 册 北敦 02601 号 – 北敦 02700 号

作者：任继愈主编；中国国家图书馆编

出版发行：北京：北京图书馆出版社，2006.10

ISBN 号：7-5013-2978-8

页数：454

原书定价：990.00（全套）

开本：38cm

国家图书馆藏敦煌遗书 第 37 册 北敦 02701 号 – 北敦 02792 号

作者：任继愈主编；中国国家图书馆编

出版发行：北京：北京图书馆出版社，2006.10

ISBN 号：7-5013-2979-6

页数：433

原书定价：990.00（全套）

开本：38cm

国家图书馆藏敦煌遗书 第 38 册 北敦 02793 号 – 北敦 02873 号

作者：任继愈主编；中国国家图书馆编

出版发行：北京：北京图书馆出版社，2006.10

ISBN 号：7-5013-2980-X

页数：434

原书定价：990.00（全套）

开本：38cm

国家图书馆藏敦煌遗书 第 39 册 北敦 02874 号 – 北敦 02953 号

作者：任继愈主编；中国国家图书馆编

出版发行：北京：北京图书馆出版社，2006.10

ISBN 号：7-5013-2981-8

页数：431

原书定价：990.00（全套）

开本：38cm

国家图书馆藏敦煌遗书 第 40 册 北敦 02954 号 – 北敦 03000 号

作者：任继愈主编；中国国家图书馆编

出版发行：北京：北京图书馆出版社，2006.10

ISBN 号：7-5013-2982-6

页数：426

原书定价：990.00（全套）

开本：38cm

国家图书馆藏敦煌遗书 第 41 册 北敦 03001 号 – 北敦 03065 号

作者：任继愈主编；中国国家图书馆编

出版发行：北京：北京图书馆出版社，2006.11

ISBN 号：7-5013-2983-4

页数：359

原书定价：990.00（全套）

开本：38cm

国家图书馆藏敦煌遗书 第 42 册 北敦 03066 号 – 北敦 03132 号

作者：任继愈主编；中国国家图书馆编

出版发行：北京：北京图书馆出版社，2006.11

ISBN 号：7-5013-2984-2

页数：379

原书定价：990.00（全套）

开本：38cm

国家图书馆藏敦煌遗书 第 43 册 北敦 03133 号 – 北敦 03200 号

作者：任继愈主编；中国国家图书馆编

出版发行：北京：北京图书馆出版社，2006.11

ISBN 号：7-5013-2985-0

页数：358

原书定价：990.00（全套）

开本：38cm

国家图书馆藏敦煌遗书 第 44 册 北敦 03201 号 – 北敦 03272 号

作者：任继愈主编；中国国家图书馆编

出版发行：北京：北京图书馆出版社，2007

ISBN 号：7-5013-2986-9

页数：470

原书定价：990.00（全套）

开本：38cm

国家图书馆藏敦煌遗书 第 45 册 北敦 03273 号 – 北敦 03346 号

作者：任继愈主编；中国国家图书馆编

出版发行：北京：北京图书馆出版社，2007

ISBN 号：7-5013-2987-7

页数：441

原书定价：990.00（全套）

开本：38cm

国家图书馆藏敦煌遗书 第 46 册 北敦 03347 号 – 北敦 03400 号

作者：任继愈主编；中国国家图书馆编

出版发行：北京：北京图书馆出版社，2007

ISBN 号：7-5013-2988-5

页数：439

原书定价：990.00（全套）

开本：38cm

国家图书馆藏敦煌遗书 第 47 册 北敦 03401 号 – 北敦 03461 号

作者：任继愈主编；中国国家图书馆编

出版发行：北京：北京图书馆出版社，2007

ISBN 号：7-5013-2989-3

页数：476

原书定价：990.00（全套）

开本：38cm

国家图书馆藏敦煌遗书 第 48 册 北敦 03462 号 – 北敦 03528 号

作者：任继愈主编；中国国家图书馆编

出版发行：北京：北京图书馆出版社，2007

ISBN 号：7-5013-2990-7

页数：454

原书定价：990.00（全套）

开本：38cm

国家图书馆藏敦煌遗书 第 49 册 北敦 03529 号 – 北敦 03600 号

作者：任继愈主编；中国国家图书馆编

出版发行：北京：北京图书馆出版社，2007

ISBN 号：7-5013-2991-5

页数：437

原书定价：990.00（全套）

开本：38cm

国家图书馆藏敦煌遗书 第 50 册 北敦 03601 号 – 北敦 03659 号

作者：任继愈主编；中国国家图书馆编

出版发行：北京：北京图书馆出版社，2007.01

ISBN 号：7-5013-2992-3

页数：386

原书定价：990.00（全套）

开本：38cm

国家图书馆藏敦煌遗书 第 51 册 北敦 03660 号 – 北敦 03717 号

作者：任继愈主编；中国国家图书馆编

出版发行：北京：北京图书馆出版社，2007

ISBN 号：7-5013-3203-7

页数：415

原书定价：990.00（全套）

开本：29cm

国家图书馆藏敦煌遗书 第 52 册 北敦 03718 号 – 北敦 03800 号

作者：任继愈主编；中国国家图书馆编

出版发行：北京：北京图书馆出版社，2007

ISBN 号：7-5013-3204-5

页数：419

原书定价：990.00（全套）

开本：38cm

国家图书馆藏敦煌遗书 第 53 册 北敦 03801 号 – 北敦 03914 号

作者：任继愈主编；中国国家图书馆编

出版发行：北京：北京图书馆出版社，2007

ISBN 号：7-5013-3205-3

页数：420

原书定价：990.00（全套）

开本：38cm

国家图书馆藏敦煌遗书 第 54 册 北敦 03915 号 – 北敦 04000 号

作者：任继愈主编；中国国家图书馆编

出版发行：北京：北京图书馆出版社，2007

ISBN 号：7-5013-3206-1

页数：457

原书定价：990.00（全套）

开本：38cm

国家图书馆藏敦煌遗书 第 55 册 北敦 04001 号 – 北敦 04100 号

作者：任继愈主编；中国国家图书馆编

出版发行：北京：北京图书馆出版社，2007

ISBN 号：7-5013-3207-X

页数：430

原书定价：990.00（全套）

开本：38cm

国家图书馆藏敦煌遗书 第 56 册 北敦 04101 号 – 北敦 04200 号

作者：任继愈主编；中国国家图书馆编

出版发行：北京：北京图书馆出版社，2007.04

ISBN 号：7-5013-3208-8

页数：434

原书定价：990.00（全套）

开本：38cm

国家图书馆藏敦煌遗书 第 57 册 北敦 04201 号 – 北敦 04278 号

作者：任继愈主编；中国国家图书馆编

出版发行：北京：北京图书馆出版社，2007.07

ISBN 号：7-5013-3209-6

页数：375

原书定价：990.00（全套）

开本：38cm

国家图书馆藏敦煌遗书 第 58 册 北敦 04279 号 – 北敦 04355 号

作者：任继愈主编；中国国家图书馆编

出版发行：北京：北京图书馆出版社，2007.07

ISBN 号：7-5013-3210-X

页数：355

原书定价：990.00（全套）

开本：38cm

国家图书馆藏敦煌遗书 第 59 册 北敦 04356 号 – 北敦 04419 号

作者：任继愈主编；中国国家图书馆编

出版发行：北京：北京图书馆出版社，2007.07

ISBN 号：7-5013-3211-8

页数：338

原书定价：990.00（全套）

开本：38cm

国家图书馆藏敦煌遗书 第 60 册 北敦 04420 号 – 北敦 04508 号

作者：任继愈主编；中国国家图书馆编

出版发行：北京：北京图书馆出版社，2007.06

ISBN 号：7-5013-3212-6

页数：345

原书定价：990.00（全套）

开本：38cm

国家图书馆藏敦煌遗书 第 61 册 北敦 04509 号 – 北敦 04600 号

作者：任继愈主编；中国国家图书馆编

出版发行：北京：北京图书馆出版社，2007.07

ISBN 号：7-5013-3213-4

页数：346

原书定价：990.00

国家图书馆藏敦煌遗书 第 62 册 北敦 04601 号 – 北敦 04697 号

作者：任继愈主编；中国国家图书馆编

出版发行：北京：北京图书馆出版社，2007.09

ISBN 号：7-5013-3214-4

页数：396

原书定价：990.00（全套）

开本：38cm

国家图书馆藏敦煌遗书 第 63 册 北敦 04698 号 – 北敦 04781 号

作者：任继愈主编；中国国家图书馆编

出版发行：北京：北京图书馆出版社，2007.09

ISBN 号：7-5013-3215-1

页数：387

原书定价：990.00（全套）

开本：38cm

国家图书馆藏敦煌遗书 第 64 册 北敦 04782 号 – 北敦 04849 号

作者：任继愈主编；中国国家图书馆编

出版发行：北京：北京图书馆出版社，2007.09

ISBN 号：7-5013-3216-8

页数：412

原书定价：990.00（全套）

开本：38cm

国家图书馆藏敦煌遗书 第 65 册 北敦 04850 号 – 北敦 04929 号

作者：任继愈主编；中国国家图书馆编

出版发行：北京：北京图书馆出版社，2007.09

ISBN 号：7-5013-3217-5

页数：411

原书定价：990.00（全套）

开本：38cm

国家图书馆藏敦煌遗书 第 66 册 北敦 04930 号 – 北敦 05000 号

作者：任继愈主编；中国国家图书馆编

出版发行：北京：北京图书馆出版社，2007.09

页数：407

原书定价：990.00（全套）

开本：38cm

国家图书馆藏敦煌遗书 第 67 册 北敦 05001 号 – 北敦 05070 号

作者：任继愈主编；中国国家图书馆编

出版发行：北京：北京图书馆出版社，2007.11

页数：364

原书定价：990.00（全套）

开本：38cm

国家图书馆藏敦煌遗书 第 68 册 北敦 05071 号 – 北敦 05134 号

作者：任继愈主编；中国国家图书馆编

出版发行：北京：北京图书馆出版社，2007.11

ISBN 号：7-5013-3220-5

页数：373

原书定价：990.00（全套）

开本：38cm

国家图书馆藏敦煌遗书 第 69 册 北敦 05135 号 – 北敦 05200 号

作者：任继愈主编；中国国家图书馆编

出版发行：北京：北京图书馆出版社，2007.11

ISBN 号：7-5013-3221-2

页数：371

原书定价：990.00（全套）

开本：38cm

国家图书馆藏敦煌遗书 第 70 册 北敦 05201 号 – 北敦 05263 号

作者：任继愈主编；中国国家图书馆编

出版发行：北京：北京图书馆出版社，2007.12

ISBN 号：7-5013-3222-9

页数：341

原书定价：990.00（全套）

开本：38cm

国家图书馆藏敦煌遗书 第 71 册 北敦 05264 号 – 北敦 05335 号

作者：任继愈主编；中国国家图书馆编

出版发行：北京：北京图书馆出版社，2007.12

ISBN 号：7-5013-3223-6

页数：334

原书定价：990.00（全套）

开本：38cm

国家图书馆藏敦煌遗书 第 72 册 北敦 05336 号 – 北敦 05400 号

作者：任继愈主编；中国国家图书馆编

出版发行：北京：北京图书馆出版社，2007.12

ISBN 号：7-5013-3224-3

页数：332

原书定价：990.00（全套）

开本：38cm

国家图书馆藏敦煌遗书 第 73 册 北敦 05401 号 – 北敦 05476 号

作者：任继愈主编；中国国家图书馆编

出版发行：北京：北京图书馆出版社，2007.12

ISBN 号：7-5013-3225-0

页数：355

原书定价：990.00（全套）

国家图书馆藏敦煌遗书 第 74 册 北敦 05477 号 – 北敦 05547 号

作者：任继愈主编；中国国家图书馆编

出版发行：国家图书馆出版社，2008.03

ISBN 号：7-5013-3226-7

页数：374

原书定价：990.00（全套）

国家图书馆藏敦煌遗书 第 75 册 北敦 05548 号 – 北敦 05636 号

作者：任继愈主编；中国国家图书馆编

出版发行：北京：北京图书馆出版社，2007.12

ISBN 号：7-5013-3227-4

页数：369

原书定价：990.00（全套）

国家图书馆藏敦煌遗书 第 76 册 北敦 05637 号 – 北敦 05747 号

作者：任继愈主编；中国国家图书馆编

出版发行：国家图书馆出版社，2008.02

ISBN 号：7-5013-3228-1

页数：399

原书定价：990.00（全套）

国家图书馆藏敦煌遗书 第 77 册 北敦 05748 号 – 北敦 05800 号

作者：任继愈主编；中国国家图书馆编

出版发行：国家图书馆出版社，2008.02

ISBN 号：7-5013-3229-8

页数：376

原书定价：990.00（全套）

国家图书馆藏敦煌遗书 第 78 册 北敦 05801 号 – 北敦 05852 号

作者：任继愈主编；中国国家图书馆编

出版发行：国家图书馆出版社，2008.01

ISBN 号：7-5013-3230-4

页数：364

原书定价：990.00（全套）

国家图书馆藏敦煌遗书 第 79 册 北敦 05853 号 – 北敦 05922 号

作者：任继愈主编；中国国家图书馆编

出版发行：国家图书馆出版社，2008.02

ISBN 号：7-5013-3231-1

页数：369

原书定价：990.00（全套）

国家图书馆藏敦煌遗书 第 80 册 北敦 05923 号 – 北敦 06000 号

作者：任继愈主编；中国国家图书馆编

出版发行：国家图书馆出版社，2008.03

ISBN 号：7-5013-3232-8

页数：383

原书定价：990.00（全套）

国家图书馆藏敦煌遗书 第 81 册 北敦 06001 号 – 北敦 06094 号

作者：任继愈主编；中国国家图书馆编

出版发行：国家图书馆出版社，2008.03

ISBN 号：7-5013-3233-5

页数：414

原书定价：990.00（全套）

国家图书馆藏敦煌遗书 第 82 册 北敦 06095 号 – 北敦 06200 号

作者：任继愈主编；中国国家图书馆编

出版发行：国家图书馆出版社，2008.03

ISBN 号：7-5013-3234-2

页数：406

原书定价：990.00（全套）

国家图书馆藏敦煌遗书 第 83 册 北敦 06201 号 – 北敦 06298 号

作者：任继愈主编；中国国家图书馆编

出版发行：国家图书馆出版社，2008.03

ISBN 号：7-5013-3235-9

页数：391

原书定价：990.00（全套）

国家图书馆藏敦煌遗书 第 84 册 北敦 06299 号 – 北敦 06339 号

作者：任继愈主编；中国国家图书馆编

出版发行：国家图书馆出版社，2008.03

ISBN 号：7-5013-3236-6

页数：389

原书定价：990.00（全套）

国家图书馆藏敦煌遗书 第 85 册 北敦 06340 号 – 北敦 06380 号

作者：任继愈主编；中国国家图书馆出版社

出版发行：国家图书馆出版社，2008.03

ISBN 号：7-5013-3237-3

页数：404

原书定价：990.00

国家图书馆藏敦煌遗书 第 86 册 北敦 06381 号 – 北敦 06418 号

作者：任继愈主编；中国国家图书馆出版社

出版发行：国家图书馆出版社，2008.04

ISBN 号：7-5013-3238-0

页数：337

原书定价：990.00

国家图书馆藏敦煌遗书 第 87 册 北敦 06419 号 – 北敦 06472 号

作者：任继愈主编；中国国家图书馆编

出版发行：国家图书馆出版社，2008.04

ISBN 号：7-5013-3239-7

页数：348

原书定价：990.00（全套）

国家图书馆藏敦煌遗书 第 88 册 北敦 06473 号 – 北敦 06519 号

作者：任继愈主编；中国国家图书馆编

出版发行：国家图书馆出版社，2008.04

ISBN 号：7-5013-3240-3

页数：333

原书定价：990.00（全套）

国家图书馆藏敦煌遗书 第 89 册 北敦 06520 号 – 北敦 06570 号

作者：任继愈主编；中国国家图书馆编

出版发行：国家图书馆出版社，2008.04

ISBN 号：7-5013-3241-0

页数：357

原书定价：990.00（全套）

国家图书馆藏敦煌遗书 第 90 册 北敦 06571 号 – 北敦 06600 号

作者：任继愈主编；中国国家图书馆编

出版发行：国家图书馆出版社，2008.04

ISBN 号：750132427

页数：331

原书定价：990.00

国家图书馆藏敦煌遗书 第 91 册 北敦 06601 号 – 北敦 06650 号

作者：任继愈主编；中国国家图书馆编

出版发行：北京：北京图书馆出版社，2008.04

ISBN 号：978-7-5013-3243-4

页数：376

原书定价：990.00

国家图书馆藏敦煌遗书 第 92 册 北敦 06651 号 – 北敦 06715 号

作者：任继愈主编；中国国家图书馆编

出版发行：北京：北京图书馆出版社，2008.04

ISBN 号：978-7-5013-3244-1

页数：365

原书定价：990.00

国家图书馆藏敦煌遗书 第 93 册 北敦 06716 号 – 北敦 06831 号

作者：任继愈主编；中国国家图书馆编

出版发行：北京：北京图书馆出版社，2008.05

ISBN 号：978-7-5013-3245-8

页数：354

原书定价：990.00

国家图书馆藏敦煌遗书 第 94 册 北敦 06832 号 – 北敦 07000 号

作者：任继愈主编；中国国家图书馆编

出版发行：北京：北京图书馆出版社，2008.05

ISBN 号：978-7-5013-3246-5

页数：344

原书定价：990

国家图书馆藏敦煌遗书 第 95 册 北敦 07001 号 – 北敦 07227 号

作者：任继愈主编；中国国家图书馆编

出版发行：北京：北京图书馆出版社，2008.05

ISBN 号：978-7-5013-3247-2

页数：366

原书定价：990.00

国家图书馆藏敦煌遗书 第96册 北敦07228号 – 北敦07400号

作者：任继愈主编；中国国家图书馆编

出版发行：北京：北京图书馆出版社，2008.05

ISBN 号：978-7-5013-3248-9

页数：363

原书定价：990.00

国家图书馆藏敦煌遗书 第97册 北敦07401号 – 北敦07600号

作者：任继愈主编；中国国家图书馆编

出版发行：北京：北京图书馆出版社，2008.06

ISBN 号：978-7-5013-3249-6

页数：420

原书定价：990.00

国家图书馆藏敦煌遗书 第98册 北敦07601号 – 北敦07800号

作者：任继愈主编；中国国家图书馆编

出版发行：北京：北京图书馆出版社，2008.06

ISBN 号：978-7-5013-3250-2

页数：405

原书定价：990.00

国家图书馆藏敦煌遗书 第 99 册 北敦 07801 号 – 北敦 07952 号

作者：任继愈主编；中国国家图书馆编

出版发行：北京：北京图书馆出版社，2008.06

ISBN 号：978-7-5013-3251-9

页数：345

原书定价：990.00

国家图书馆藏敦煌遗书 第 100 册 北敦 07953 号 – 北敦 08121 号

作者：任继愈主编；中国国家图书馆编

出版发行：北京：北京图书馆出版社，2008

ISBN 号：978-7-5013-3252-6

原书定价：990.00

国家图书馆藏敦煌遗书 第 101 册 北敦 08122 号 – 北敦 08260 号

作者：任继愈主编；中国国家图书馆编

出版发行：北京：北京图书馆出版社，2008

ISBN 号：978-7-5013-3663-0

原书定价：990.00

国家图书馆藏敦煌遗书 第 102 册 北敦 08261 号 – 北敦 08448 号

作者：任继愈主编；中国国家图书馆编

出版发行：北京：北京图书馆出版社，2008

ISBN 号：978-7-5013-3664-7

原书定价：990.00

国家图书馆藏敦煌遗书 第 103 册 北敦 08449 号 – 北敦 08679 号

作者：任继愈主编；中国国家图书馆编

出版发行：北京：北京图书馆出版社，2008

ISBN 号：978-7-5013-3665-4

原书定价：990.00

国家图书馆藏敦煌遗书 第 104 册 北敦 08680 号 – 北敦 09092 号

作者：任继愈主编；中国国家图书馆编

出版发行：北京：国家图书馆出版社，2008

ISBN 号：978-7-5013-3666-1

页数：68

原书定价：990.00

国家图书馆藏敦煌遗书 第 105 册 北敦 09093 号 – 北敦 09479 号

作者：任继愈主编；中国国家图书馆编

出版发行：北京：国家图书馆出版社，2008

ISBN 号：978-7-5013-3667-8

页数：94

原书定价：990.00

国家图书馆藏敦煌遗书 第 106 册 北敦 09480 号 – 北敦 09871 号

作者：任继愈主编；中国国家图书馆编

出版发行：北京：国家图书馆出版社，2008

ISBN 号：978-7-5013-3668-5

页数：66

原书定价：990.00

国家图书馆藏敦煌遗书 第 107 册 北敦 09872 号 – 北敦 10511 号

作者：任继愈主编；中国国家图书馆编

出版发行：北京：北京图书馆出版社，2009

ISBN 号：978-7-5013-3669-2

页数：94

原书定价：990.00

国家图书馆藏敦煌遗书 第 108 册 北敦 10512 号 – 北敦 11071 号

作者：任继愈主编；中国国家图书馆编

出版发行：北京：北京图书馆出版社，2009

ISBN 号：978-7-5013-3670-8

页数：89

原书定价：990.00

国家图书馆藏敦煌遗书 第 109 册 北敦 11072 号 – 北敦 11650 号

作者：任继愈主编；中国国家图书馆编

出版发行：北京：北京图书馆出版社，2009

ISBN 号：978-7-5013-3671-5

页数：93

原书定价：990.00

国家图书馆藏敦煌遗书 第 110 册 北敦 11651 号 – 北敦 12259 号

作者：任继愈主编；中国国家图书馆编

出版发行：北京：北京图书馆出版社，2009

ISBN 号：978-7-5013-3672-2

页数：108

原书定价：990.00

国家图书馆藏敦煌遗书 第 111 册 北敦 12260 号 – 北敦 12944 号

作者：任继愈主编；中国国家图书馆编

出版发行：北京：北京图书馆出版社，2011

ISBN 号：978-7-5013-3673-9

原书定价：990.00

国家图书馆藏敦煌遗书 第 112 册 北敦 12945 号 – 北敦 13800 号

作者：任继愈主编；中国国家图书馆编

出版发行：北京：北京图书馆出版社，2011

ISBN 号：978-7-5013-3674-6

原书定价：990.00

国家图书馆藏敦煌遗书 第 113 册 北敦 13801 号 – 北敦 13833 号

作者：任继愈主编；中国国家图书馆编

出版发行：北京：国家图书馆出版社，2009

ISBN 号：978-7-5013-3675-3

原书定价：990.00

国家图书馆藏敦煌遗书 第 114 册 北敦 13834 号 – 北敦 13868 号

作者：任继愈主编；中国国家图书馆编

出版发行：北京：国家图书馆出版社，2009

ISBN 号：978-7-5013-3676-0

原书定价：990.00

国家图书馆藏敦煌遗书 第 115 册 北敦 13869 号 – 北敦 1392 号

作者：任继愈主编；中国国家图书馆编

出版发行：北京：国家图书馆出版社，2009

ISBN 号：978-7-5013-3677-7

原书定价：990.00

国家图书馆藏敦煌遗书 第 116 册 北敦 1393 号 – 北敦 13941 号

作者：任继愈主编；中国国家图书馆编

出版发行：北京：国家图书馆出版社，2009

ISBN 号：978-7-5013-3678-4

原书定价：990.00

国家图书馆藏敦煌遗书 第 117 册 北敦 13942 号 – 北敦 13982 号

作者：任继愈主编；中国国家图书馆编

出版发行：北京：国家图书馆出版社，2009

ISBN 号：978-7-5013-3679-1

原书定价：990.00

国家图书馆藏敦煌遗书 第 118 册 北敦 13983 号 – 北敦 14023 号

作者：任继愈主编；中国国家图书馆编

出版发行：北京：国家图书馆出版社，2009

ISBN 号：978-7-5013-3680-7

原书定价：990.00

国家图书馆藏敦煌遗书 第 119 册 北敦 14024 号 – 北敦 14046 号

作者：任继愈主编；中国国家图书馆编

出版发行：北京：国家图书馆出版社，2009

ISBN 号：978-7-5013-3681-4

原书定价：990.00

国家图书馆藏敦煌遗书 第 120 册 北敦 14047 号 – 北敦 14077 号

作者：任继愈主编；中国国家图书馆编

出版发行：北京：国家图书馆出版社，2009

ISBN 号：978-7-5013-3682-1

原书定价：990.00

国家图书馆藏敦煌遗书 第 121 册 北敦 14078 号 – 北敦 14110 号

作者：任继愈主编；中国国家图书馆编

出版发行：北京：国家图书馆出版社，2009

ISBN 号：978-7-5013-3683-8

原书定价：990.00

国家图书馆藏敦煌遗书 第 122 册 北敦 14111 号 – 北敦 14151 号

作者：任继愈主编；中国国家图书馆编

出版发行：北京：国家图书馆出版社，2009

ISBN 号：978-7-5013-3684-5

原书定价：990.00

国家图书馆藏敦煌遗书 第 123 册 北敦 14152 号 – 北敦 14211 号

作者：任继愈主编；中国国家图书馆编

出版发行：北京：国家图书馆出版社，2009

ISBN 号：978-7-5013-3685-2

原书定价：990.00

国家图书馆藏敦煌遗书 第 124 册 北敦 14212 号 – 北敦 14285 号

作者：任继愈主编；中国国家图书馆编

出版发行：北京：国家图书馆出版社，2010

ISBN 号：978-7-5013-3686-9

原书定价：990.00

国家图书馆藏敦煌遗书 第 125 册 北敦 14286 号 – 北敦 14350 号

作者：任继愈主编；中国国家图书馆编

出版发行：北京：国家图书馆出版社，2010

ISBN 号：978-7-5013-3687-6

原书定价：990.00

国家图书馆藏敦煌遗书 第 126 册 北敦 14351 号 – 北敦 14426 号

作者：任继愈主编；中国国家图书馆编

出版发行：北京：国家图书馆出版社，2010

ISBN 号：978-7-5013-3688-3

原书定价：990.00

国家图书馆藏敦煌遗书 第 127 册 北敦 14427 号 – 北敦 14469 号

作者：任继愈主编；中国国家图书馆编

出版发行：北京：国家图书馆出版社，2010

ISBN 号：978-7-5013-3689-0

原书定价：990.00

国家图书馆藏敦煌遗书 第 128 册 北敦 14470 号 – 北敦 14522 号

作者：任继愈主编；中国国家图书馆编

出版发行：北京：国家图书馆出版社，2010

ISBN 号：978-7-5013-3690-6

原书定价：990.00

国家图书馆藏敦煌遗书 第 129 册 北敦 14523 号 – 北敦 14568 号

作者：任继愈主编；中国国家图书馆编

出版发行：北京：国家图书馆出版社，2010

ISBN 号：978-7-5013-3691-3

原书定价：990.00

国家图书馆藏敦煌遗书 第 130 册 北敦 14569 号 – 北敦 14622 号

作者：任继愈主编；中国国家图书馆编

出版发行：北京：国家图书馆出版社，2010

ISBN 号：978-7-5013-3692-0

原书定价：990.00

国家图书馆藏敦煌遗书 第 131 册 北敦 14623 号 – 北敦 14692 号

作者：任继愈主编；中国国家图书馆编

出版发行：北京：国家图书馆出版社，2010

ISBN 号：978-7-5013-3693-7

原书定价：990.00

国家图书馆藏敦煌遗书 第 132 册 北敦 14693 号 – 北敦 14735 号

作者：任继愈主编；中国国家图书馆编

出版发行：北京：国家图书馆出版社，2010

ISBN 号：978-7-5013-3694-4

原书定价：990.00

国家图书馆藏敦煌遗书 第 133 册 北敦 14736 号 – 北敦 14800 号

作者：任继愈主编；中国国家图书馆编

出版发行：北京：国家图书馆出版社，2010

ISBN 号：978-7-5013-3695-1

原书定价：990.00

国家图书馆藏敦煌遗书 第 134 册 北敦 14801 号 – 北敦 14869 号

作者：任继愈主编；中国国家图书馆编

出版发行：北京：北京图书馆出版社，2010.08

ISBN 号：978-7-5013-3696-8

页数：420

原书定价：990.00

国家图书馆藏敦煌遗书 第 135 册 北敦 14870 号 – 北敦 14947 号

作者：任继愈主编；中国国家图书馆编

出版发行：北京：国家图书馆出版社，2010

ISBN 号：978-7-5013-3697-5

原书定价：990.00

国家图书馆藏敦煌遗书 第 136 册 北敦 14948 号 – 北敦 15000 号

作者：任继愈主编；中国国家图书馆编

出版发行：北京：国家图书馆出版社，2010

页数：418

ISBN 号：978-7-5013-3698-2

原书定价：990.00

国家图书馆藏敦煌遗书 第 137 册 北敦 15001 号—北敦 15051 号

作者：任继愈主编；中国国家图书馆编

出版发行：北京：国家图书馆出版社，2011

页数：410

ISBN 号：978-7-5013-3699-9

原书定价：990.00

国家图书馆藏敦煌遗书 第 138 册 北敦 15052 号 – 北敦 15097 号

作者：任继愈主编；中国国家图书馆编

出版发行：北京：国家图书馆出版社，2011

页数：411

ISBN 号：978-7-5013-3700-2

原书定价：990.00

国家图书馆藏敦煌遗书 第 139 册 北敦 15098 号—北敦 15149 号

作者：任继愈主编；中国国家图书馆编

出版发行：北京：国家图书馆出版社，2011

页数：429

ISBN 号：978-7-5013-3701-9

原书定价：990.00

国家图书馆藏敦煌遗书 第 140 册 北敦 15150 号 – 北敦 15232 号

作者：任继愈主编；中国国家图书馆编

出版发行：北京：北京图书馆出版社，2011

页数：412

ISBN 号：978-7-5013-3702-6

原书定价：990.00

国家图书馆藏敦煌遗书 第 141 册 北敦 15233 号 – 北敦 15298 号

作者：任继愈主编；中国国家图书馆编

出版发行：北京：北京图书馆出版社，2011

页数：413

ISBN 号：978-7-5013-3703-3

原书定价：990.00

国家图书馆藏敦煌遗书 第 142 册 北敦 15299 号 – 北敦 15353 号

作者：任继愈主编；中国国家图书馆编

出版发行：北京：北京图书馆出版社，2011

页数：407

ISBN 号：978-7-5013-3704-0

原书定价：990.00

国家图书馆藏敦煌遗书 第 143 册 北敦 15354 号 – 北敦 15462 号

作者：任继愈主编；中国国家图书馆编

出版发行：北京：国家图书馆出版社，2012

页数：385

ISBN 号：978-7-5013-3705-7

原书定价：990.00

国家图书馆藏敦煌遗书 第 144 册 北敦 15463 号 – 北敦 15844 号

作者：任继愈主编；中国国家图书馆编

出版发行：北京：国家图书馆出版社，2012

ISBN 号：978-7-5013-3706-4

原书定价：990.00

国家图书馆藏敦煌遗书 第 145 册 北敦 15845 号 – 北敦 16198 号

作者：任继愈主编；中国国家图书馆编

出版发行：北京：国家图书馆出版社，2012

ISBN 号：978-7-5013-3707-1

原书定价：990.00

国家图书馆藏敦煌遗书 第 146 册 北敦 16199 号 – 北敦 16579 号

作者：任继愈主编；中国国家图书馆编

出版发行：北京：国家图书馆出版社，2012

ISBN 号：978-7-5013-3708-8

原书定价：990.00

刘玉柱纪念文集

作者：任继愈主编

出版发行：北京：北京大学出版社，2001.12

ISBN 号：7-301-00139-8

念旧企新——任继愈自述

作者：任继愈著；敏泽主编

出版发行：太原：山西人民出版社，1997.12

ISBN 号：7-203-03658-8

页数：274

丛书名：学海钩沉丛书

原书定价：15

开本：20cm

目录

中国文化史知识丛书

作者：任继愈主编

出版发行：北京：商务印书馆，1996

开本：19cm

内容提要：该丛书是由著名学者任继愈主编，国内一百多名专家学者参加编著的面向青少年和普通读者的大型文化普及系列。它是由我国著名出版机构商务印书馆出版发行的。该丛书是一个相对完整的中国古代文化知识体系。大致可分为思想、文化、教育、科技、考古学、历史地理、军事、经济、文艺、体育等10个主题。从多角度、多层次勾勒出中华民族五千年历史文化发展轨迹，反映了中华文化的基本面貌和中华民族精神。特别值得一提的是，该丛书增加了中国古代科技成果的内容介绍。内容全面，体现了编辑对传统历史文化整体把握的独特视角。它是一套中国传统文化知识百科全书，也是一套提高知识、培养品位、开展爱国主义教育的好书。

第九章　自然科学（N）

中国科学技术典籍通汇

作者：任继愈主编

出版发行：郑州：大象出版社，2015.02

ISBN 号：978-7-5347-8222-0

原书定价：32500.00（全50册）

开本：21cm

内容提要：本书分为数学卷、天文卷、生物卷、物理卷、化学卷、地学卷、农学卷、医学卷、技术卷、综合卷及索引卷，共50册，精选先秦至1840年的中国古代重要科技典籍约4000万字，影印出版。

中国科学技术典籍通汇

作者：任继愈主编

出版发行：开封：河南教育出版社，1996

ISBN 号：9787534713606

原书定价：11084.00（全50册）

内容提要：《中国科学技术典籍通汇》于20世纪90年代由河南教育出版社（大象出版社前身）分批陆续出版，影印了541部清末以前最重要的科技著作，大多数典籍的版本十分精善，其提要也体现了各学科的研究成果，在国内外学术界影响极大，至今仍是从事科学技术史研究的专家与学子们的必读书。《中国科学技术典籍通汇》是国家古籍整理"八五"规划重点项目和"八五"出版重点工程，是在浩瀚的中国古代文献中首次全面系统地发掘整理科技经典。出版后，受到海内外学术界的极大关注和广泛赞誉，并荣获第三届国家图书奖提名奖。《中国科学技术典籍通汇》是第一部全面包罗中国古代科学技术各门学科著述的大型图书，是我国科技史上一项不可逾越的基础性工作，也是科技史领域的一项基础性建设工程。

该系列著作由著名学者、时任北京图书馆（今国家图书馆）馆长的任继愈先生担任总主编，中国科学院自然科学史研究所集中全国数百名科技史专家参与编纂。各分卷正、副主编均由有关专家担任，如数学卷主编郭书春，天文卷主编薄树人，物理卷主编戴念祖，化学卷主编郭正谊，生物卷主编苟萃华，地学卷主编唐锡仁，农学卷主编范楚玉，医学卷主编余瀛鳌，技术卷主编华觉明，综合卷主编林文照，均为国内在各自学科领域治学多年的著名科技史专家。

《中国科学技术典籍通汇》的编纂者经过三年的大量调查与论证，筛选和评价先秦至清末数以万计的科技经典，按照现代科学分类，它分为数学、天文学等十大类。全书约4000万字，共50册，辑录对古代科学技术的发展起到了一定作用的典籍共541章，其中：数学卷5册，辑录科技典籍90种；天文卷8册，82种；物理卷2册，19种；化学卷2册，47种；生物卷3册，42种地学卷5册，59种；农学卷5册，43种；医学卷7册，26种；技术卷5册，73种；综合卷7册，60种。最后一册为索引卷，内容包括本书的总目录、分类目录以及书名、人名索引等。各卷由专家撰写叙论，以文献为线索说明本学科的历史发展、主要成就与特征、其在世界科学史上的地位及对现代科学的意义；每部文献典籍前面附专家精心撰写的提要，介绍或考证作者生平、成书过程和年代、文献所蕴含的科学内容和价值、版本源流及后人的研究情况等，体现了各学科的研究成果。

第十章 医药、卫生（R）

中医理论研究资料选集（第1辑）

作者：任继愈等著

出版发行：北京：人民卫生出版社，1957.12

ISBN 号：14048·1423

页数：178

原书定价：0.65

开本：19cm

目录

中医理论研究资料选集（第 2 辑）

作者：任继愈等著

出版发行：北京：人民卫生出版社，1960.07

ISBN 号：14084·2306

页数：154

原书定价：0.44

开本：19cm

第十一章 综合性图书（Z）

中华大典·理化典·化学分典

作者：《中华大典》工作委员会，《中华大典》编纂委员会编纂，任继愈总主编

出版发行：济南：山东教育出版社，2018.05

ISBN 号：978-7-5701-0158-0

原书定价：1600.00（全3册）

内容提要：本书设民生日用工艺化学、金属化学、军事化学、金丹化学四个总部，着重考虑的是中国古籍资料中化学知识存在的本来样态。

中华大典·理化典·物理学分典

作者：《中华大典》工作委员会，《中华大典》编纂委员会编纂，任继愈总主编

出版发行：济南：山东教育出版社，2018.05

ISBN 号：978-7-5701-0157-3

原书定价：1800.00（全4册）

内容提要：本书按照力、热、声、光、电磁现代物理学体系分设五个总部，采撷文献资料予以编录。

中华大典·理化典·中西会通分典

作者：《中华大典》工作委员会，《中华大典》编纂委员会编纂，任

继愈总主编

出版发行：济南：山东教育出版社，2018.05

ISBN 号：978-7-5701-0159-7

原书定价：990.00（全 2 册）

内容提要：本书所设四个总部依次为译介传播、物理会通、化学会通和西技应用，集中收录明清两代能够反映上述历史进程的文献资料。

中华大典·数学典·会通中西算法分典

作者：《中华大典》工作委员会，《中华大典》编纂委员会编纂，任继愈总主编

出版发行：济南：山东教育出版社，2018.05

ISBN 号：7-5701-0155-3

原书定价：1500.00（全 3 册）

内容提要：本书体现了明末至清末中算家会通中西数学的工作。整个分典分为算术、对数、数论、几何、画法几何、三角、代数、幂级数、圆锥曲线、微积分共十个总部，这些总部大体上反映了会通中西数学的整体情况。

中华大典·数学典·数学概论分典

作者：《中华大典》工作委员会，《中华大典》编纂委员会编纂，任继愈总主编

出版发行：济南：山东教育出版社，2018.05

ISBN 号：978-7-5328-9810-7

原书定价：500

内容提要：本书主要收录了中国古代数学的概述性历史资料，以及中

国数学发展演变情况的史料，力图展现中国数学发展的历史脉络和整体面貌。具体分为数学的起源与发展、记数法与计算工具、律吕算法与纵横图、数学教育与考试、中外数学交流、中西数学关系与比较六个总部。

中华大典·数学典·数学家与数学典籍分典

作者：《中华大典》工作委员会，《中华大典》编纂委员会编纂，任继愈总主编

出版发行：济南：山东教育出版社，2018.05

ISBN 号：978-7-5701-0156-6

原书定价：460

内容提要：本书收录中国古代数学家的生平传记资料以及部分存世的中国传统数学著作资料，力图反映中国历代数学家和数学著作的情况。

中华大典·数学典·中国传统算法分典

作者：《中华大典》工作委员会，《中华大典》编纂委员会编纂，任继愈总主编

出版发行：济南：山东教育出版社，2018.05

ISBN 号：978-7-5328-9809-1

原书定价：1900.00（全 4 册）

内容提要：本书包括分数与率总部、盈不足总部、面积总部、体积总部、线性方程组解法（方程术）总部、方程组解法（四元术）总部、不定问题总部等。

中华大典·政治典·宋辽夏金政治分典

作者：《中华大典》工作委员会，《中华大典》编纂委员会编纂，任继愈总主编

出版发行：北京：人民出版社，2018

ISBN：978-7-01-017190-6

内容提要：本书分政区总部、皇帝制度总部、官制总部、政治嬗变总部、对外关系总部、政治思想总部六个总部，从经部、史部、子部、集部古籍文献中辑录了涉及上述宋辽夏金时期政治活动方方面面的有典型代表性的相关史料，汇编成书。

中华大典·政治典·隋唐五代政治分典

作者：《中华大典》工作委员会，《中华大典》编纂委员会编纂，任继愈总主编

出版发行：北京：人民出版社，2018

ISBN：978-7-01-017189-0

内容提要：本书分政区总部、皇帝制度总部、官制总部、政治嬗变总部、对外关系总部、政治思想总部，每个总部下分若干部和分部等经目，概括了政治活动的主要方面，经目下分论说、综述、杂录、艺文等纬目。是研究和学习隋唐五代时期政治历史的重要资料汇编。

中华大典·宗教典·伊斯兰基督与诸教分典

作者：《中华大典》工作委员会，《中华大典》编纂委员会编纂，任继愈总主编

出版发行：石家庄：河北人民出版社，2017.12

ISBN 号：978-7-202-12476-5

页数：1681

原书定价：890.00

内容提要：《中华大典》是一部包罗百科、内容广泛、学术性强、规模宏大的巨著。《宗教典》为其典之一。本分典下设伊斯兰教总部、天主教系总部、基督新教系总部、拜上帝教总部、境外传入其他诸教总部和境内自生诸教总部。伊斯兰教总部设教义教职、教派、人物、典籍等四部。

中华大典·艺术典·服饰艺术分典

作者：《中华大典》工作委员会，《中华大典》编纂委员会编纂，任继愈总主编；金维诺，李之檀主编

出版发行：长沙：岳麓书社，2017.11

ISBN 号：978-7-5538-0348-7

页数：1538

原书定价：560.00（2 册）

内容提要：《服饰艺术分典》收录1911年以前刊印的有关服饰艺术的文献资料，涵盖经史子集四部诸文献，系当前对中国古代服饰文献一次大规模的全面系统的整理。其收集中国古代服饰文献，既重有关服饰专书专著，又兼涉散布典籍中星散的舆服史料，力争做到齐、清、精、准、用五大要求。该分典分服饰制度形成、服饰断代、名物考释、民族服饰交融与中外交流、服饰材料及工艺、色彩及纹饰等10个总部，下设部、分部，纵向列纲，以为经目；每个部类之中，下设题解、论

说、综述、传记、纪事、著录、艺文等类别，横向安排语料，以为纬目。
整体编排，学术性与实用性并举。

中华大典·艺术典·书法艺术分典

作者：《中华大典》工作委员会，《中华大典》编纂委员会编纂，任
继愈总主编；刘天琪主编

出版发行：长沙：岳麓书社，2017.11

ISBN 号：978-7-5538-0698-3

原书定价：580

内容提要：《书法艺术分典》收录1911年以前刊印的有关书法艺术的
文献资料，涵盖经史子集四部及碑传石刻诸文献，系当前对中国古代
书法文献一次大规模的全面系统的整理。其收集中国古代书法文献，
力求齐备，便于后来者研究利用。

中华大典·艺术典·戏曲文艺分典

作者：《中华大典》工作委员会，《中华大典》编纂委员会编纂，任
继愈总主编；李修生主编

出版发行：长沙：岳麓书社，2017.11

ISBN 号：978-7-5538-0341-8

原书定价：880

内容提要：本分典从历代戏曲文艺文献中选录价值、代表性的整部、
整篇或整段原始资料，以1911年为下限，按时间为序分门别类地加以
汇编而成的一部类书，下设理论总部、词曲总部、演部等三个三级经目，
总部之下分为法规部、戏曲集部、体类部等十五个四级经目，各经目
下设题解。

中华大典·生物学典·植物分典

作者：《中华大典》工作委员会，《中华大典》编纂委员会编纂，任继愈总主编；吴征镒主编

出版发行：昆明：云南教育出版社，2017.10

ISBN 号：978-7-5599-0170-5

原书定价：1200.00（4 册）

开本：26cm

内容提要：本书结合植物类群在中国分布的实际和特点编制总目，共设置通论、裂殖菌纲、蓝藻纲、绿藻纲、原始红藻纲、真红藻纲、散囊菌纲、酵母菌纲、银耳纲等二十九个总部。

中华大典·经济典·财政分典

作者：《中华大典》工作委员会，《中华大典》编纂委员会编纂，任继愈总主编；陈明光主编

出版发行：成都：巴蜀书社，2017.06

ISBN 号：978-7-5531-0773-8

原书定价：3500

内容提要：本书收录从先秦至 1910 年之前文献中有关财政方面的文字记载，按照《中华大典》的编纂体例，分为综合、财政管理体制、财政收入、财政支出、财务行政、财政监督六个总部，力图全面反映我国历史上财政方面的真实发展过程。全书分类准确，资料翔实，具有极高的文献研究价值。

中华大典·历史地理典·山川分典

作者：《中华大典》工作委员会，《中华大典》编纂委员会编纂，任继愈总主编；葛剑雄，傅林祥主编

出版发行：杭州：西泠印社出版社，2017.06

ISBN 号：978-7-5508-2091-3

原书定价：1200

内容提要：《历史地理典·山川分典》经目设山总部和水总部。山总部下设总论部、直隶部、盛京部、江苏部、安徽部、山西部、山东部、河南部、陕西部等。水总部下设总论部、直隶部、盛京部等。

中华大典·经济典·货币金融分典

作者：《中华大典》工作委员会，《中华大典》编纂委员会编纂，任继愈总主编；汪圣铎主编

出版发行：成都：巴蜀书社，2017.05

ISBN 号：978-7-5531-0786-8

原书定价：2800

内容提要：《中华大典·经济典·货币金融分典》下设铜铁钱、金银及实物、纸币、货币购买力、借贷、有价证券六个总部。本分典的编纂目的是尽可能全面地保存我国古代货币金融方面重要文献资料，客观地反映我国货币金融的发展演变。

中华大典·历史地理典·政区分典

作者：《中华大典》工作委员会，《中华大典》编纂委员会编纂，任继愈总主编；葛剑雄，傅林祥主编

出版发行：杭州：西泠印社出版社，2017.05

ISBN 号：978-7-5508-2059-3

原书定价：3800

中华大典·交通运输典·交通工具与设施分典

作者：《中华大典》工作委员会，《中华大典》编纂委员会编纂，任继愈总主编

出版发行：上海：上海交通大学出版社，2017

ISBN：978-7-313-18082-7

内容提要：本书收录内容为总论、分论和杂论三部分。收录的资料主要包括舟、车、牲畜等交通工具的形制、用途、数量、使用范围、管理办法等相关内容。

中华大典·交通运输典·交通路线与里程分典

作者：《中华大典》工作委员会，《中华大典》编纂委员会编纂，任继愈总主编

出版发行：上海：上海交通大学出版社，2017

ISBN：978-7-313-15291-6

内容提要：本书分为交通路线总部、里程总部两部分，收录1911年之前古籍中关于交通路线和里程数量的资料。

中华大典·经济典·户口分典

作者：《中华大典》工作委员会，《中华大典》编纂委员会编纂，任继愈总主编

出版发行：成都：巴蜀书社，2017

ISBN：978-7-5531-0765-3

内容提要：本书下分五个总部，即户口数量总部、户口迁移总部、户口管理总部、户口与社会总部、少数民族户口总部。

中华大典·经济典·经济思想分典

作者：《中华大典》工作委员会，《中华大典》编纂委员会编纂，任继愈总主编

出版发行：成都：巴蜀书社，2017

ISBN：978-7-5531-0774-5

内容提要：本书下分八个总部，即人口民本思想总部、义利财富思想总部、土地田制思想总部、货币价格价值思想总部、赋役财政思想总部、分配消费思想总部、经济管理思想总部、生产流通思想总部。

中华大典·经济典·商业城市贸易分典

作者：《中华大典》工作委员会，《中华大典》编纂委员会编纂，任继愈总主编

出版发行：成都：巴蜀书社，2017

ISBN：978-7-5531-0856-8

内容提要：本书下设商业总部与城市总部两大部分，汇编了从先秦到1911年以前与城市和商业有关的重要史料，以期梳理史料记载有关中国古代城市与商业发展的脉络。

中华大典·历史典·编年分典　明总部

作者：《中华大典》工作委员会，《中华大典》编纂委员会编纂，任
继愈总主编

出版发行：上海：上海古籍出版社，2017

ISBN：978-7-5325-8446-8

内容提要：本书所涉及的中国历史，起 1368 年，迄公元 1644 年，分年
概述了期间发生的重大历史事件。

中华大典·历史典·编年分典　清总部

作者：《中华大典》工作委员会，《中华大典》编纂委员会编纂，任
继愈总主编

出版发行：上海：上海古籍出版社，2017

ISBN：978-7-5325-8447-5

内容提要：本书所涉及的中国历史，起 1644 年，终 1911 年，分年概述
了期间发生的重大历史事件。

中华大典·历史典·编年分典　魏晋南北朝总部

作者：《中华大典》工作委员会，《中华大典》编纂委员会编纂，任
继愈总主编

出版发行：上海：上海古籍出版社，2017

ISBN：978-7-5325-7338-7

内容提要：本书所涉及的中国历史，起公元 220 年，迄公元 581 年，其
间历三国、两晋、南北朝时期，分年概述了期间发生的重大历史事件。

中华大典·历史典·编年分典　先秦总部　秦汉总部

作者：《中华大典》工作委员会，《中华大典》编纂委员会编纂，任
继愈总主编

出版发行：上海：上海古籍出版社，2017

ISBN：978-7-5325-6836-9

内容提要：本书所涉及的中国历史，约起公元前 26 世纪初，迄公元前
221 年秦朝建立，共约二千四百年，分年概述了期间发生的重大历史事
件。

中华大典·历史典·编年分典　元总部

作者：《中华大典》工作委员会，《中华大典》编纂委员会编纂，任
继愈总主编

出版发行：上海：上海古籍出版社，2017

ISBN：978-7-5325-5918-3

内容提要：本书所涉及的中国历史，起公元 1276 年，迄公元 1367 年，
分年概述了期间发生的重大历史事件。

中华大典·民俗典·风俗民俗分典

作者：《中华大典》工作委员会，《中华大典》编纂委员会编纂，任
继愈总主编

出版发行：北京：北京日报出版社，2017

ISBN：978-7-5477-2692-1

内容提要：本书主要汇编上古至 1911 年有关中华汉民族生活中的春秋

寒暑、时令年节风俗的汉文文献资料，本分典共设四个总部：岁时风俗总部、信仰风俗总部、礼仪风俗总部、宗教风俗总部。

中华大典·民俗典·物质民俗分典

作者：《中华大典》工作委员会，《中华大典》编纂委员会编纂，任继愈总主编

出版发行：北京：北京日报出版社，2017

ISBN：978-7-5477-2691-4

内容提要：本书汇集了上古至1911年间汉民族的有关物质民俗的重要文献资料，本分典共设五个总部：饮食总部、游艺总部、器物总部、建筑总部、服饰总部。

中华大典·农业典·茶业分典

作者：《中华大典》工作委员会，《中华大典》编纂委员会编纂，任继愈总主编

出版发行：郑州：河南大学出版社，2017

ISBN：978-7-5649-3128-5

内容提要：本书共设六个总部，分别为茶叶茶事发展传播总部、茶树栽培与茶叶加工总部、茶叶运销总部、茶叶饮用总部、茶政茶法税总部和茶文化总部。内容以茶叶茶事为主，兼及历代茶叶法规、政策、职官，另有茶叶对外传播、宗教与茶叶等。

中华大典·农业典·农书分典

作者：《中华大典》工作委员会，《中华大典》编纂委员会编纂，任

继愈总主编

出版发行：郑州：河南大学出版社，2017

ISBN：978-7-5649-3125-4

内容提要：《农书分典》是《中华大典·农业典》的分典之一，主要对我国古代丰富的农业典籍进行科学分类，并以条目的形式表现出来。其内容不仅涉及农、林、牧、副、渔等自然和技术科学，还包括农业政策、田制赋税、救荒赈灾等社会科学的方面。统一采用经纬目相交织的框架结构。

中华大典·农业典·农田水利分典

作者：《中华大典》工作委员会，《中华大典》编纂委员会编纂，任继愈总主编

出版发行：郑州：河南大学出版社，2017

ISBN：978-7-5649-3126-1

内容提要：本书内容包括农田水利机构与职官总部、农田水利法规律令总部、农田水利信仰总部、农田水利工程总部。

中华大典·农业典·农业灾害分典

作者：《中华大典》工作委员会，《中华大典》编纂委员会编纂，任继愈总主编

出版发行：郑州：河南大学出版社，2017

ISBN：978-7-5649-3129-2

内容提要：本书采用经纬目交织的框架结构，共设四个总部，分别是

农业气象灾害总部、农业生物灾害总部、农业环境灾害总部、防灾减灾总部。

中华大典·农业典·蚕桑分典

作者：《中华大典》工作委员会，《中华大典》编纂委员会编纂，任继愈总主编

出版发行：郑州：河南大学出版社，2017

ISBN：978-7-5649-3127-8

内容提要：《蚕桑分典》是《中华大典·农业典》的分典之一，分上下两册，其内容以蚕桑生产为主，包括种桑、养蚕、治丝的生产过程、技术措施、使用工具，以及与蚕桑相关昭制、劝课、税赋、诗词、习俗等。统一采用经纬目相交织的框架结构。

中华大典·农业典·畜牧兽医分典

作者：《中华大典》工作委员会，《中华大典》编纂委员会编纂，任继愈总主编

出版发行：郑州：河南大学出版社，2017

ISBN：978-7-5649-3130-8

内容提要：《畜牧兽医分典》是《中华大典·农业典》的重要组成部分，由河南大学历史文化学院、黄河文明传承与现代文明建设协同创新中心承担编纂工作。由畜牧综合总部、家畜总部、家禽总部、中兽医总部四个部分构成，下设二十三个部，共辑录相关资料万余条，近六百万字。内容包括历代的牧政管理、野生兽禽的猎获及驯化，家畜家禽的品种与繁育，相畜与牧养的技术，禽畜产品的加工与运用，六

畜崇拜与畜神信仰，中兽医技术及兽药方剂等。

中华大典·政治典·秦汉政治分典

作者：《中华大典》工作委员会，《中华大典》编纂委员会编纂，任继愈总主编

出版发行：北京：人民出版社，2017

ISBN：978-7-01-017187-6

内容提要：本书分政区总部、皇帝制度总部、官制总部、政治嬗变总部、对外关系总部、政治思想总部六个总部，每个总部下分若干部和分部等经目概括了政治活动的主要方面，是研究和学习秦汉时期政治历史的重要资料汇编。

中华大典·政治典·魏晋南北朝政治分典

作者：《中华大典》工作委员会，《中华大典》编纂委员会编纂，任继愈总主编

出版发行：北京：人民出版社，2017

ISBN：978-7-01-017188-3

内容提要：本书分政区总部、皇帝制度总部、官制总部、政治嬗变总部、对外关系总部、政治思想总部，每个总部下分若干部和分部等经目概括了政治活动的主要方面，经目下分论说、综述、杂录、艺文等纬目。是研究和学习魏晋南北朝时期政治历史的重要资料汇编。

中华大典·政治典·元明清政治分典

作者：《中华大典》工作委员会，《中华大典》编纂委员会编纂，任

继愈总主编

出版发行：北京：人民出版社，2017

ISBN：978-7-01-017191-3

内容提要：本书分政区总部、皇帝制度总部、官制总部、政治嬗变总部、对外关系总部、政治思想总部六个总部，从经部、史部、子部、集部古籍文献中辑录了涉及上述元明清时期政治活动方方面面的有典型代表性的相关史料，汇编成书。

中华大典·宗教典·佛教分典

作者：《中华大典》工作委员会，《中华大典》编纂委员会编纂，任继愈主编

出版发行：石家庄：河北人民出版社，2016.12

ISBN 号：978-7-202-11537-4

原书定价：2450.00（全五册）

内容提要：《中华大典》是国务院批准的重大文化出版工程、国家发展规划纲要的重点出版工程项目、新闻出版署列为"十一五"国家重大出版工程规划之首、国家出版基金重点支持项目。《中华大典》是一部包罗百科、内容广泛、学术性强、规模宏大的巨著。《宗教典》为其典之一。本分典下设佛教基础总部、译经总部、传承与宗派总部、教义总部、佛教与传统五个总部。佛教基础总部设人物部、要事部、部派部、圣地部、周边分布传播部；译经总部设阿含经部、本缘经部、般若经部、法华经部、华严经部、宝积经部、涅盘经部、经集部、密教经典部、律藏部、论藏部、中观论部、瑜珈论部、论集部、史传部；传承与宗派总部设历史部、翻译家部、经录部、天台宗部、法相宗部、禅宗部、华严宗部、三论学派部、净土学派部、戒律学派部、佛教石

窟名山部；教义总部设概念部、命题部、名数部；佛教与传统总部设诏令部、非正史纪佛部、金石纪佛部、儒教论佛部、佛道论衡部。

中华大典·文献目录典·古籍目录分典　史

作者：《中华大典》工作委员会，《中华大典》编纂委员会编纂，任继愈总主编

出版发行：桂林：广西师范大学出版社，2016.11

ISBN 号：978-7-5495-9246-3

页数：4 册（2600 页）

内容提要：《史总部》是《文献目录典·古籍目录分典》所属六个总部之一，力争体现"纪百代之有无，广古今而无遗"的编纂旨趣。为达此目的，在框架设计上，《史总部》下设十五个部，各部之下，又根据每部史书所统括范围的大小与数量多寡，多者设分部，或分部之下再设专题。在总部、部或分部、专题之下，构设论述、杂录、综述三个纬目，经纬交织，点、线、面结合，以立体角度展示公元 1911 年以前，中国历代史部典籍的整体样貌与个体丰姿。本书资料相对广泛，且结构完整、系统，对于我国文献学的学科体系和完善古籍目录的分类方法都有一定的参考意义。

中华大典·文献目录典·古籍目录分典　子

作者：《中华大典》工作委员会，《中华大典》编纂委员会编纂，任继愈总主编

出版发行：桂林：广西师范大学出版社，2016.11

ISBN 号：978-7-5495-9247-0

内容提要：《子总部》是《古籍目录分典》所属的六个总部之一，旨在广搜博采，凸现1911年以前中国历代子书的类别与全貌，渊源与流变，内容与体式，价值与功用。为此下设二十一个部，即儒家部、道家部、墨家部、法家部、名家部、阴阳家部、纵横家部、兵家部、农家部、医家部、天文算法部、术数部、艺术部、杂家部、小说家部、类书部、道教部、佛教部、耶教部。本书资料相对广泛，且结构完整、成系统，对于我国文献学的学科体系和完善古籍目录的分类方法都有参考意义。

中华大典·地学典·海洋分典

作者：《中华大典》工作委员会，《中华大典》编纂委员会编纂，任继愈总主编；曲金良主编

出版发行：重庆：重庆出版社，2016.09

ISBN 号：978-7-229-11236-3

原书定价：350.00

开本：20cm×27cm

内容提要：本书是《中华大典·地学典》的分典之一，与《地学典》的其他分典（《气象分典》《测绘分典》《自然地理分典》）一起描绘了我国古代地理学的全貌，是我国古代典籍中有关海洋资料的集大成者。本书系统搜罗了我国古代文献中有关海洋的材料，对其分类、标点，共包括海疆、海洋水文、海洋气象、海洋生物、海洋盐业、航海海运、海洋灾异、海洋信仰、海塘工程、海洋防卫等10个总部，近250万字；涉及了海洋的自然属性、海洋的物产、人们对海洋资源的利用和海洋灾异的防范以及海洋防卫、海洋信仰等各方面的内容，选材十分丰富。

中华大典·地学典·自然地理分典

作者:《中华大典》工作委员会,《中华大典》编纂委员会编纂,任继愈总主编

出版发行:重庆:重庆出版社,2016

ISBN 号:978-7-229-10824-3

内容提要:本书设有陆地地貌、陆地水文地理、土壤地理、资源地理、著作五个总部。

中华大典·工业典·建筑工业分典

作者:《中华大典》工作委员会,《中华大典》编纂委员会编纂,任继愈总主编

出版发行:上海:上海古籍出版社,2016

ISBN:978-7-5325-7944-0

内容提要:本书主要内容包括四个方面:一是营建理念,二是建筑管理,三是建筑技术、四是建筑物态。其中建筑物态则简略分为都城、坛庙、宫殿、公宇、桥梁、园林第宅、寺观、陵墓等。

中华大典·工业典·近代工业分典

作者:《中华大典》工作委员会,《中华大典》编纂委员会编纂,任继愈总主编

出版发行:上海:上海古籍出版社,2016

ISBN:978-7-5325-7137-6

内容提要:本书主要内容为介绍近代中国历史上的工业发展状况,其资料详实,分为几个大的总部,分门别类的介绍了近代中国工业的产生、

发展、兴衰等历史。包括近代工业思想与政策法规总部、近代工业调查统计与同业组织总部、近代工业企业家工程管理人员与工人总部等，是中华大典的重要组成部分。

中华大典·工业典·金属矿藏与冶炼工业分典

作者：《中华大典》工作委员会，《中华大典》编纂委员会编纂，任继愈总主编

出版发行：上海：上海古籍出版社，2016

ISBN：978-7-5325-7946-4

内容提要：本书主要收录金、银、铜、铁、铅、锡、汞等金属矿藏及其冶炼的相关古籍资料。由于煤炭在古代已经作为主要的金属冶炼燃料，因而煤矿的相关资料也纳入了本分典的收录范围。另外，由于其他诸如硫磺、矾类、砒霜、火硝等矿物在古代道家及炼丹家们的理论与实践中是不可或缺的物质，而且在矿藏冶炼中，这些矿物也常常被用作金属冶炼的催化剂，因而也就尽可能地予以收录，以反映中国古代矿藏及其冶炼的总体面貌。

中华大典·工业典·制造工业分典

作者：《中华大典》工作委员会，《中华大典》编纂委员会编纂，任继愈总主编

出版发行：上海：上海古籍出版社，2016

ISBN：978-7-5325-7945-7

内容提要：本书是《中华大典·工业典》九个分典之一，包括生产用品总部：农具部、工具部、生活用品总部、玉器部、其他部，交通运

输总部：车部、船舶部、道路部、金属总部、铸币部、兵器部、器物部、杂器部、其他总部，发展沿革总部：工匠部、其他部等分部。编纂时，除严格执行《中华大典》和《工业典》有关规定外，对材料的收录以及对某些相关问题的处理也略作调整。

中华大典·工业典·综合分典

作者：《中华大典》工作委员会，《中华大典》编纂委员会编纂，任继愈总主编

出版发行：上海：上海古籍出版社，2016

ISBN：978-7-5325-7942-6

内容提要：本书是《中华大典·工业典》中的一个分典，系统地分类汇集上起先秦下迄清末有关中国工业的综合性内容。

中华大典·文献目录典·古籍目录分典　丛书　译著

作者：《中华大典》工作委员会，《中华大典》编纂委员会编纂，任继愈总主编

出版发行：桂林：广西师范大学出版社，2016

ISBN 号：978-7-5495-9245-6

内容提要：《丛书总部》分"汇编丛书"、"类编丛书"二部。其中"汇编丛书部"下分"杂纂丛书"、"地方丛书""族姓丛书""独撰丛书""辑佚丛书"五个分部，"类编丛书部"下分"经类丛书"、"史类丛书"、"子类丛书"、"集类丛书"四个分部。《译著总部》下分：东西学总类部、哲学部、逻辑学部、伦理学部、心理学部、宗教学部、社会学部、政治部、外交部、法律部、军事部、经济部、教育部、语言文字部、文

学部、艺术部、历史部、地理部、数学部、物理学部、化学部、天文部、测绘部等。本书对系统了解与研究中国古代丛书、译著的版本与目录及主要利用价值都有重要的借鉴意义。

中华大典·文献目录典·古籍目录分典　集

作者：《中华大典》工作委员会，《中华大典》编纂委员会编纂，任继愈总主编

出版发行：桂林：广西师范大学出版社，2016

ISBN 号：978-7-5495-9248-7

内容提要：本书为"古籍目录分典"的"集总部"，其旨在网罗古今，力图反映古代集部典籍之全貌。参照《四库提要·集部》之分类，并据实际情况有所增补。总部下设七部，首"楚辞"，次"别集"，次"总集"，次"诗文评"，"词"、"曲"分列，最后以"小说"终。"小说部"只收话本、章回小说，与子部之"小说家"有别。

中华大典·文献目录典·文献学分典　校勘

作者：《中华大典》工作委员会，《中华大典》编纂委员会编纂，任继愈总主编

出版发行：桂林：广西师范大学出版社，2016

ISBN 号：978-7-5495-9070-4

内容提要：《校勘总部》为《文献学分典》的九个总部之一。分为总论部、校勘内容部、校勘方法部、校勘原则部和校勘名著部，共五个部。总论部设校勘、致误通例两个分部；校勘内容部设讹、脱、衍、倒四个部分；校勘方法部设对校、本校、他校和理校四个分部；校勘原则部设实事

是正和多闻阙疑两个部分；校勘名著部设《经典释文》《周易举正》《东汉刊误》《仪礼识误》《六经正误》《荀子考异》《颜氏家训考证》《韩集举正》《昌黎先生集考异》等四十一个分部。

中华大典·政治典·先秦政治分典

作者：《中华大典》工作委员会，《中华大典》编纂委员会编纂，任继愈总主编

出版发行：北京：人民出版社，2016

ISBN：978-7-01-017186-9

内容提要：本书分政区总部、国王暨国君制度总部、官制总部、政治嬗变总部、邦交总部、政治思想总部六个总部，每个总部下分若干部和分部，概括了政治活动的主要方面，是研究和学习先秦时期政治历史的重要资料汇编。

中华大典·文献目录典·文献学分典　典藏总部

作者：《中华大典》工作委员会，《中华大典》编纂委员会编纂，任继愈总主编；王记録主编

出版发行：桂林：广西师范大学出版社，2015.09

ISBN 号：978-7-5495-7145-1

原书定价：380.00

内容提要：《中华大典·文献目录典》由《文献学分典》和《古籍目录分典》组成。两分典下设总部，本书为其中《文献学分典》的九个总部之一的《典藏总部》。本书由总论、收藏、典藏制度与方法、藏书楼、藏书家五个部分组成。每一部下又设有多个分部、专题，汇集

先秦至清末（1911 年）有关文献收藏、流通等方面的资料，各专题下收录的材料依时间先后顺序排列，通过本书，可以对中国历代文献的典藏及其学术脉络发展等的情况有较为清晰和全面的了解。本书资料相对广泛，且结构完整、成系统，对于我国文献学的学科体系和完善古籍目录的分类方法都有积极的参考意义。

中华大典·宗教典·道教分典

作者：《中华大典》工作委员会，《中华大典》编纂委员会编纂，任继愈总主编

出版发行：石家庄：河北人民出版社，2015.03

ISBN 号：978-7-202-09542-3

页数：1832

原书定价：960.00

开本：26cm

内容提要：该分典共设神仙、教史人物、经籍、教义、科戒、符咒法术、医药养生、金丹、宫观仙境九个总部，全书共计 351.6 万字。《道教分典》是对《道藏》及藏外资料进行重新分类整理而形成的一部大型道教文献集成，不仅为道教学研究提供了基本资料，亦为从事医药学、地理学、科技史等学术研究者提供了文献参考。

中华大典·地学典·测绘分典

作者：《中华大典》工作委员会，《中华大典》编纂委员会编纂，任继愈总主编

出版发行：重庆：重庆出版社，2015

ISBN 号：978-7-229-10131-2

内容提要：本书设综述总部、理论与方法总部、仪器总部、数据总部、地图总部五个总部，对我国上起先秦、下迄清末的测绘学历史文化和发展状况进行了展示。

中华大典·法律典·经济法分典

作者：《中华大典》工作委员会，《中华大典》编纂委员会编纂，任继愈总主编

出版发行：重庆、成都：巴蜀书社，2015

ISBN：978-7-5621-7562-9

内容提要：本书编者本着"中国古代诸法合体，虽无经济法典，但有关经济法的资料却非常丰富"这一思想，收录了中国古代农业、手工业、商业、金融、交通各领域中规范、制约各类经济活动的法律、法规等相关资料，展现了中国古代经济立法的基本状况。

中华大典·民俗典·地域民俗分典

作者：《中华大典》工作委员会，《中华大典》编纂委员会编纂，任继愈总主编

出版发行：北京：北京日报出版社有限公司，2015

ISBN 号：978-7-5477-1761-5

内容提要：本书是运用我国历代汉文古籍编纂的一部大型工具书，书中收录资料包括汉文史书、文集、方志、笔记、图册等。

中华大典·生物学典·动物分典

作者：《中华大典》工作委员会，《中华大典》编纂委员会编纂，任继愈总主编

出版发行：昆明：云南教育出版社，2015

ISBN 号：978-7-5415-9017-7

原书定价：1200.00（全四册）

内容提要：本书汇编设有鞭毛纲、肉足纲、孢子纲、水螅纲、珊瑚虫纲、吸虫纲、尾感器纲、无尾感器纲、多板纲、革囊星虫纲等类目。

中华大典·天文典·仪象分典

作者：《中华大典》工作委员会，《中华大典》编纂委员会编纂，任继愈总主编

出版发行：重庆：重庆出版社，2015

ISBN 号：978-7-229-10258-6

内容提要：本书汇编从先秦到清末中国古天文仪器方面的资料性文献。收录的主要内容包括：中国古代观测仪器、天象演示仪器、时间测量仪器的制作、使用记录和描述等。

中华大典·文献目录典·古籍目录分典

作者：《中华大典》工作委员会，《中华大典》编纂委员会编纂，任继愈总主编

出版发行：桂林：广西师范大学出版社，2015

ISBN 号：978-7-5495-6420-0

内容提要：本书重在反映 1911 年辛亥革命以前中国历代著述的整体风

貌，以"纪百代之有无，广古今而无遗"为旨，本分典收辑古今书目文献，悉录存佚古籍，以成全目。

中华大典·文献目录典·文献学分典　目录总部

作者：《中华大典》工作委员会，《中华大典》编纂委员会编纂，任继愈总主编

出版发行：桂林：广西师范大学出版社，2015

ISBN 号：978-7-5495-6387-6

内容提要:《目录总部》是《文献学分典》的九个总部之一，本书分总论、国家目录、史志目录、私藏目录、知见目录、地方目录、专科目录、特种目录等八部。

中华大典·文献目录典·文献学分典　文献总论　辨伪　辑佚

作者：《中华大典》工作委员会，《中华大典》编纂委员会编纂，任继愈总主编

出版发行：桂林：广西师范大学出版社，2015

ISBN 号：978-7-5495-5983-1

中华大典·艺术典·陶瓷艺术分典

作者：《中华大典》工作委员会，《中华大典》编纂委员会编纂，任继愈总主编

出版发行：长沙：岳麓出版社，2015

ISBN 号：978-7-80761-827-0

内容提要：本书辑中国古代陶瓷文献，既重点收集陶瓷专书专著，又

广泛搜罗散布于经史子集子部中星散的陶瓷史料，力争做到齐、清、精、准、用五大要求。

中华大典·医药卫生典·卫生学分典　气功总部

作者：《中华大典》工作委员会，《中华大典》编纂委员会编纂，任继愈总主编

出版发行：成都：巴蜀书社，2015

ISBN：978-7-5531-0570-3

内容提要：本书分作气功基础部、功理部、功法部三部。其中，气功基础部搜集人体科学中的脏腑、经络、精气神等内容。功理部重在说明气功的数学、哲学基础，包括整体论、阴阳、五行、气化等学说。功法部分作动功和静功两个分部。

中华大典·医药卫生典·卫生学分典　人体卫生总部

作者：《中华大典》工作委员会，《中华大典》编纂委员会编纂，任继愈总主编

出版发行：成都：巴蜀书社，2015

ISBN：978-7-5531-0562-8

内容提要：本书下设总论、个人卫生、婴幼卫生、妇人卫生、老人卫生、养颜美容、房中卫生七个部，旨在全面文献调查的基础上，撷英取华，以最典型、最具代表性的养生文献，反映古人的生命智慧。

中华大典·医药卫生典·卫生学分典　食养食治总部

作者：《中华大典》工作委员会，《中华大典》编纂委员会编纂，任

继愈总主编

出版发行：成都：巴蜀书社，2015

ISBN：978-7-5531-0581-9

内容提要：本书包含《食养食治总部》，反映了中国古代卫生学的丰富内容。下分"通论部"、"食药部"、"食养部"与"食治部"四个部。

中华大典·医药卫生典·卫生学分典　通论总部　环境卫生总部　人物总部

作者：《中华大典》工作委员会，《中华大典》编纂委员会编纂，任继愈总主编

出版发行：成都：巴蜀书社，2015

ISBN：978-7-5531-0656-4

中华大典·医药卫生典·医学分典　妇科总部

作者：《中华大典》工作委员会，《中华大典》编纂委员会编纂，任继愈总主编

出版发行：成都：巴蜀书社，2015

ISBN：978-7-5531-0531-4

内容提要：本书反映我国古代对妇女正常发育、生育健康及其病理的认识，以及对女科经、带、胎、产和妇人杂病等病证的辨治理论和方法。

中华大典·医药卫生典·医学分典　骨科总部

作者：《中华大典》工作委员会，《中华大典》编纂委员会编纂，任

继愈总主编

出版发行：成都：巴蜀书社，2015

ISBN：978-7-5531-0514-7

内容提要：本书分设总论、骨折、脱位、筋伤、内伤、金疮、杖疮、骨病、方剂等九个部。除总论部设题解、论说、综述与专录外，其余部与分部之下，按内容需要，分设题解、论说、综述、纪事等纬目。

中华大典·医药卫生典·医学分典　外科总部

作者：《中华大典》工作委员会，《中华大典》编纂委员会编纂，任继愈总主编

出版发行：成都：巴蜀书社，2015

ISBN：978-7-5531-0582-6

内容提要：本书以全面系统反映中医外科学的全貌和发展脉络为宗旨。根据中医外科学的学科特点，本总部分总论部、痈疽部、疔疮部、毛发部等，部之下，按内容需要，分设题解、论说、综述、纪事、著录等纬目。

中华大典·语言文字典·文字分典

作者：《中华大典》工作委员会，《中华大典》编纂委员会编纂，任继愈总主编

出版发行：武汉：湖北教育出版社、湖北人民出版社，2014.06

ISBN 号：978-7-5351-8786-4

内容提要：本书内容包括：文字理论总部、字书字典总部、说文解字总部、金石文字总部、《文字分典》引用书目、《文字分典》条目索引等。

中华大典·语言文字典·训诂分典

作者：《中华大典》工作委员会，《中华大典》编纂委员会编纂，任继愈总主编；朱祖延主编；李思维分典主编

出版发行：武汉：湖北教育出版社，2014.06

ISBN 号：978-7-5351-8787-1

页数：6370 页

原书定价：5000（全 6 册）

内容提要：《训诂分典》是一部全面、系统地汇聚先秦至清末训诂学及相关文献的新型类书，具有学术传承与学术创新的鲜明特色，是研究中国传统语言学不可缺少的基本工具书。

中华大典·地学典·气象分典

作者：《中华大典》工作委员会，《中华大典》编纂委员会编纂，任继愈总主编

出版发行：重庆：重庆出版社，2014

ISBN 号：978-7-229-07194-3

内容提要：本书是《中华大典·地学典》的重要组成部分。它择取我国古籍中有关气象的文献材料，对其进行标点并加以科学分类，以类书的形式表现出来，使人们可以比较便利地从浩繁的古籍中获取相关信息。本书对中国气象史研究大有益处。

中华大典·法律典·民法分典

作者：《中华大典》工作委员会，《中华大典》编纂委员会编纂，任继愈总主编

出版发行：重庆：西南师范大学出版社，2014

ISBN 号：978-7-5621-7260-4

中华大典·林业典·林业思想与文化分典

作者：《中华大典》工作委员会，《中华大典》编纂委员会编纂，任继愈总主编

出版发行：南京：凤凰出版社，2014

ISBN 号：978-7-5506-2043-8

内容提要：本书是对中国古代林业思想文化相关文献、图表的梳理汇编。分典包含五个总部，分别是林业思想总部、森林植物文化总部、森林动物文化总部、动植物图腾与神话总部、山林游憩文化总部。

中华大典·林业典·森林资源与生态分典

作者：《中华大典》工作委员会，《中华大典》编纂委员会编纂，任继愈总主编

出版发行：南京：凤凰出版社，2014

ISBN 号：978-7-5506-2044-5

内容提要：本书内容以古代中国林业资源分布、森林植物的分布和森林动物的分布为主，广泛搜罗历代相关文献，精心编辑整理，全书共计四百万字，上下两册，是了解古代林业发展的重要史料。

中华大典·林业典·园林与风景名胜分典

作者：《中华大典》工作委员会，《中华大典》编纂委员会编纂，任继愈总主编

出版发行：南京：凤凰出版社，2014

ISBN 号：978-7-5506-2092-6

内容提要：本书共分园林综述、园林植物、历代园林、风景名胜四个总部，分门别类地收录与园林和风景名胜相关的历代文献资料。

中华大典·天文典·天文分典

作者：《中华大典》工作委员会，《中华大典》编纂委员会编纂，任继愈总主编

出版发行：重庆：重庆出版社，2014

ISBN 号：978-7-229-07842-3

内容提要：本书汇编从先秦到清末中国古天文方面的资料性文献。设有天地、天象记录、星辰、天人感应、天学家五个总部。

中华大典·医药卫生典·医学分典　耳鼻咽喉口齿总部

作者：《中华大典》工作委员会，《中华大典》编纂委员会编纂，任继愈总主编

出版发行：成都：巴蜀书社，2014

ISBN 号：978-7-5531-0447-8

内容提要：本书分为四个部：耳科部、鼻科部、咽喉科部、口齿唇舌部，全面系统地反映了耳鼻咽喉口齿科的全貌和发展脉络。

中华大典·医药卫生典·医学分典　眼科总部

作者：《中华大典》工作委员会，《中华大典》编纂委员会编纂，任继愈总主编

出版发行：成都：巴蜀书社，2014

ISBN 号：978-7-5531-0448-5

内容提要：本书以全面系统反映眼科学的全貌和发展脉络为宗旨。根据中医眼科的学科特点，本总部分设部、分部，其中前四部主要为有关眼科基础理论、诊断辨证、治法及文献等有关内容，后两部为病证及内服方剂的内容。

国学读本

作者：任继愈主编

出版发行：北京：商务印书馆，2013.09

ISBN 号：7-100-08921-0

页数：726

原书定价：75.10

开本：大 16 开

内容提要：本书是对大学生进行素质教育的教材，也是对社会读者进行国学普及教育的读本。分为文学编、哲学编、史学编，基本涵盖传世名篇佳作。本书采用"文选"的方式，以阅读讲习传统典籍为主，以概括评析为辅。各编均附总论和名家评论，对读者理清各学科领域历史发展线索和特点、扩展视野多有助益，兼具学术性和普及性。

中华大典·法律典·行政法分典

作者：《中华大典》工作委员会，《中华大典》编纂委员会编纂，任继愈总主编

出版发行：重庆、成都：西南师范大学出版社、巴蜀书社，2013

ISBN：978-7-5621-6208-7

内容提要：本书内容包括行政组织法总部、职官管理法总部、行政程式法总部。

中华大典·经济典·土地制度分典

作者：《中华大典》工作委员会，《中华大典》编纂委员会编纂，任继愈总主编

出版发行：成都：巴蜀书社，2013

ISBN：978-7-5531-0280-1

内容提要：本书设综论、国有土地制度、私有土地和均田制四个总部。

中华大典·林业典·森林利用分典

作者：《中华大典》工作委员会，《中华大典》编纂委员会编纂，任继愈总主编

出版发行：南京：凤凰出版社，2013

ISBN 号：978-7-5506-1931-9

内容提要：本书设四个总部，分别为木材采伐运输总部、木材加工利用总部、林特产品加工利用总部、林产品贸易总部，全面收录中国古代森林工业，即木材和其他林产品的收获利用方面的资料。

中华大典·文献目录典·文献学分典　版本、流通总部

作者：《中华大典》工作委员会，《中华大典》编纂委员会编纂，任继愈总主编

出版发行：桂林：广西师范大学出版社，2013

ISBN 号：978-7-5495-3988-8

页数：943 页

原书定价：880.00

中华大典·医药卫生典·药学分典

作者：《中华大典》工作委员会，《中华大典》编纂委员会编纂，任继愈总主编；郑金生主编

出版发行：成都：巴蜀书社，2013

ISBN 号：978-7-5531-0288-7

原书定价：4500.00（全十册）

中华大典·教育典·教育制度分典

作者：《中华大典》工作委员会，《中华大典》编纂委员会编，任继愈总主编

出版发行：上海：上海古籍出版社，2012.12

ISBN 号：7-5325-5732-5

原书定价：3880.00（全 9 册）

内容提要：本书结合教育学科研究对象领域的特点，划分为两个分典，即《教育思想分典》与《教育制度分典》。“教育制度”是一个发展的和动态的概念，为反映这一情形，本分典收录的教育历史材料包括以下两个方面：被制度化之前的教育实践活动，制度化实现后的教育制度本身，教育制度的建立、实施、改造和变革过程，与教育制度相关联的其他教育实践活动和社会实践活动。故而本分典所收录的材料内容不止包括学校和学制，甚至也不止包括国家的各级各类教育机构和设施。

中华大典·宗教典·儒教分典

作者：《中华大典》工作委员会，《中华大典》编纂委员会编纂，任继愈总主编；李申主编

出版发行：石家庄：河北人民出版社，2012.10

ISBN 号：978-7-202-05985-2

页数：5297 页

原书定价：2034.75

开本：16

内容提要：《中华大典·宗教典·儒教分典》是利用我国历代古籍编撰的大型工具书。其目的是为学术界和有志于学习珍贵的中国古代文化典籍的人士提供准确、详细、易于检索的中国古籍分类资料。

中华大典·历史地理典·总论分典

作者：《中华大典》工作委员会，《中华大典》编纂委员会编纂，任继愈总主编

出版发行：杭州：西泠印社出版社，2012.04

ISBN 号：978-7-5508-0453-1

页数：2739

原书定价：1400

开本：27cm

内容提要：本书为大型类书。收录我国有关国外的地理文献，以国名为部，以综述、分述等子目进行分类，便于检索。主要内容包括：禹贡、九州要记、十三州志、十四州记、吴地理志等。

中华大典·教育典·教育思想分典

作者：《中华大典》工作委员会，《中华大典》编纂委员会编纂，任继愈总主编

出版发行：上海：上海古籍出版社，2012

ISBN 号：978-7-5325-5800-1

内容提要：本书主要收录先秦到清末直接或间接讨论教育问题的各类资料，分为《教育作用总部》、《教育目的总部》、《道德教育总部》、《课程总部》、《教学总部》、《教师总部》，按部辑录相关史料并加以进一步分类整理。

中华大典·天文典·历法分典

作者：《中华大典》工作委员会，《中华大典》编纂委员会编纂，任继愈总主编

出版发行：重庆：重庆出版社，2012

ISBN：978-7-229-03217-3

内容提要：该分典共 250 余万字，分先秦、两汉、魏晋南北朝、隋唐、五代两宋、辽金元、明清七个总部。将我国 1911 年以前历代典籍中含有历法内容的资料摘录出来，分门别类地加以汇总。

中华大典·文献目录典·文献学分典

作者：《中华大典》工作委员会，《中华大典》编纂委员会编纂，任继愈总主编

出版发行：桂林：广西师范大学出版社，2012

ISBN 号：978-7-5495-2948-3

内容提要：本书覆盖文献学各门专学的各个领域，提供一个代表当前文献学研究最新水平的学科体系，以反映文献学各门专学的概念、术语和方法，文献考辨的实例，以及古代文献学家的重要事迹和主要成果。

中华大典·语言文字典·音韵分典

作者：《中华大典》工作委员会，《中华大典》编纂委员会编纂，任继愈总主编

出版发行：武汉：湖北教育出版社、湖北人民出版社，2012

ISBN 号：978-7-5351-8249-4

内容提要：《中华大典·语言文字典》分《文字分典》、《音韵分典》和《训诂分典》。本书主要内容包括：总论部、叶音部、诗经音部、群书音部、谐声部、汉经师音读部、声训部等。

中华大典·法律典·法律理论分典

作者：任继愈总主编；《中华大典》工作委员会，《中华大典》编纂委员会编纂

出版发行：重庆：西南师范大学出版社，2011.11

ISBN 号：978-7-5621-5608-6

页数：3958

原书定价：1860.00（全四册）

内容提要：《法律理论分典》是国家级重大文化出版工程项目，由著名法律史专家俞荣根教授任主编，龙大轩教授、杨玲研究馆员任副主编。《中华大典·法律典》最初启动于1994年，后来因为各种原因停滞下来。2009年秋，《法律理论分典》与出版社重新签约、重新启动。经过全

体编纂人员夜以继日的工作，于 2010 年 9 月 19 日杀青定稿。排出清样后又历经一年左右校订，期间完成了一校、二校和反复的修改补充。《法律理论分典》依《中华大典》统一式样印制装帧，大气、雅典、精美。整部分典分装四册，全书 790 万字，称得上是皇皇巨秩。

中华大典·法律典·诉讼法分典

作者：《中华大典》工作委员会，《中华大典》编纂委员会编纂，任继愈总主编；张晋藩，马建石主编；朱勇，郭成伟 [分典] 主编

出版发行：成都、重庆：巴蜀书社、西南师范大学出版社，2011

ISBN 号：978-7-80752-788-6

内容提要：本书内容包括：综论总部、司法机构总部、起诉总部、审判总部、执行总部、引用书目。

中华大典·民俗典·口头民俗分典

作者：《中华大典》工作委员会，《中华大典》编纂委员会编纂，任继愈总主编；白化文主编

出版发行：北京：同心出版社，2011

ISBN 号：978-7-5477-0008-2

页数：806

原书定价：CNY2360.00（3 册）

中华大典·医药卫生典·医学分典　温病总部

作者：《中华大典》工作委员会，《中华大典》编纂委员会编纂，任继愈总主编

出版发行：成都：巴蜀书社，2010.12

ISBN 号：978-7-80752-735-0

内容提要：本书根据温病学的学术横架特点，本总部收载的文献主要包括以三个方面：一为《内经》、《难经》、《伤寒论》中有关温病学的理论；二为历代各家，尤其是研究《伤寒论》的名家涉及温病的著述；三为明、清时代的温病学专著。

中华大典·法律典·刑法分典

作者：《中华大典》工作委员会，《中华大典》编纂委员会编纂，任继愈总主编

出版发行：重庆：西南师范大学出版社，2010

ISBN 号：978-7-5621-5108-1

内容提要：本书收录有关刑法学的法律史料。所收书籍以律书、史书、政书为主，兼及经书、类书、文集及其他典籍。下设总论、修律、通例、刑名、罪名、赦宥六个总部。

中华大典·文学典·总目录·总索引

作者：《中华大典》工作委员会，《中华大典》编纂委员会编纂，任继愈总主编

出版发行：南京：凤凰出版社，2009.03

ISBN 号：978-7-80729-281-4

页数：905

原书定价：690.00

内容提要：本书汇编了《文学典》六个分典中所有的总集、体类和作

家条目，还新编了《文学典》中所涉及的每一篇作品（分论）的具体评论资料目录。

中华大典·医药卫生典·医学分典　内科总部

作者：《中华大典》工作委员会，《中华大典》编纂委员会编纂；
任继愈总主编

出版发行：成都：巴蜀书社，2009

ISBN：978-7-80752-489-2

内容提要：本书是一部有关中医内科学古籍文献的巨著。内容包括：
内科总论部、感冒部、咳嗽部、心悸怔忡部、痴呆部、胃痛部等。

中华大典·医药卫生典·医学分典　医学通论总部

作者：《中华大典》工作委员会，《中华大典》编纂委员会编纂；
任继愈总主编

出版发行：成都：巴蜀书社，2009

ISBN：978-7-80752-279-9

中华大典·文学典·文学理论分典

作者：《中华大典》工作委员会，《中华大典》编纂委员会编纂，
任继愈总主编；周强（分典）主编

出版发行：南京：凤凰出版社，2008.12

ISBN：9787807292807

原书定价：1460.00 元

开本：16 开

内容提要：《中华大典·文学典：文学理论分典（共2册）》的编辑工作坚持百花齐放、百家争鸣的科学态度和原则。收集了来自传统文化中重要的不同学派的资料。

中华大典·文学典·先秦两汉文学分典

作者：《中华大典》工作委员会，《中华大典》编纂委员会编纂，任继愈总主编

出版发行：南京：凤凰出版社，2008.12

ISBN号：978-7-80729-228-9

原书定价：2928.00（全四册）

中华大典·历史典·编年分典·宋辽夏金总部

作者：《中华大典》工作委员会，《中华大典》编纂委员会编纂，任继愈总主编

出版发行：上海：上海古籍出版社，2008

ISBN号：978-7-5325-5097-5

内容提要：本书设置综述、史表、杂录三项纬目。杂录项包含备录、备论两部分。本总部依宋代诸帝设一十六部。纪年亦依宋帝年号，附以并立政权的纪年、干支及公元。

中华大典·历史典·编年分典·隋唐五代总部

作者：《中华大典》工作委员会，《中华大典》编纂委员会编纂，任继愈总主编

出版发行：上海：上海古籍出版社，2008

ISBN 号：978-7-5325-5096-8

原书定价：690.00（全2册）

内容提要：本书设置综述、史表、杂录三项纬目。杂录项包含备录、备论两部分。本总部依隋唐五代诸帝设三十七部。纪年依隋唐五代诸帝年号，附以并立政权的纪年、干支及公元。

中华大典·文学典·总目录　总索引

作者：《中华大典》工作委员会，《中华大典》编纂委员会编纂，任继愈总主编

出版发行：南京：凤凰出版社，2008

ISBN：978-7-80729-281-4

中华大典·医药卫生典·药学分典　药物图录总部　彩绘图卷

作者：《中华大典》工作委员会，《中华大典》编纂委员会编纂，任继愈总主编

出版发行：成都：巴蜀书社，2008

ISBN：978-7-80752-072-6

内容提要：本书收录1911年以前的药物图，包括药物形态图以及与药物采收、加工炮制、传说、习俗等相关的图形。

中华大典·医药卫生典·药学分典　药物图录总部　墨线图卷

作者：《中华大典》工作委员会，《中华大典》编纂委员会编纂，任继愈总主编

出版发行：成都：巴蜀书社，2008

ISBN：978-7-80752-073-3

中华大典·哲学典·儒家分典

作者：《中华大典》工作委员会，《中华大典》编纂委员会编纂，任继愈总主编；李申（分典）主编

出版发行：昆明：云南教育出版社，2007.10

ISBN 号：978-7-5415-3164-4

原书定价：3500.00（全7册）

内容提要：《儒家分典》主要收集儒家文献中的哲学资料。本分典共设四个总部，分别是典籍总部、人物总部、流派总部及范畴总部。各总部依时代分为若干部，每部依具体情况分为若干分部。本分典范畴总部选材取自于经注、专著和文集。经与经注是古代思想的源头，也是专著类的根据和出发点，所以本分典尽可能地搜集经注中有关哲学内容的资料。

中华大典·哲学典·诸子百家分典

作者：《中华大典》工作委员会，《中华大典》编纂委员会编纂；任继愈总主编；周强（分典）主编

出版发行：昆明：云南教育出版社，2007.10

ISBN 号：978-7-5415-3165-1

页数：2729

原书定价：1450.00（全套）

内容提要：诸子百家这一术语有广狭二义。从时间跨度来看，狭义的诸子百家大致以西汉为下限；广义则将下限延长至清代。本分典采用

广义的提法，以哲学为着眼点，将其划分为 12 大类。除沿用前人提法，使儒家独立成为分典外，还收有道、墨、名、法、杂、兵、天文、阴阳、农、医和纵横 11 个类别或流派。此外还有许多古代思想家，他们既不属于佛、道诸教，亦难以纳入以上 11 类，因此，将这些面目各异的思想家统称为"其他诸家"，并分为 12 类。

中华大典·文学典·魏晋南北朝文学分典

作者：《中华大典》工作委员会，《中华大典》编纂委员会编纂，任继愈总主编

出版发行：南京：凤凰出版社，2007

ISBN 号：978-7-80643-937-1

内容提要：本书经目设绪论、三国文学部、两晋文学部、南朝文学部、北朝文学部、凡五部。纬目设论述、传记、纪事、著录、艺文、杂录。

中国国家图书馆古籍珍品图录

作者：任继愈主编

出版发行：北京：北京图书馆出版社，1999.09

ISBN 号：7-5013-1665-1

页数：344

原书定价：520（特：4000）

开本：29cm

中国文化经典

作者：任继愈等编著

出版发行：杭州：西泠印社出版社

ISBN 号：7-80517-870-4

原书定价：1800.00

开本：26cm

内容提要：本书由任继愈等著名学者精选对二千年中国思想文化影响最大的国学著作，采用宋元以来最通行的简明浅近注本，经注分色排版。

第二编　任继周学术著作提要

第十二章　任继周先生学术贡献

　　任继周，山东平原县人。1924 年生，1948 年中央大学（现南京农业大学）畜牧兽医系畜牧专业毕业。1948—1950 年，师从我国草原科学奠基人王栋教授，专攻牧草学。1950 年应我国著名兽医学家盛彤笙院士的邀请和恩师王栋教授的嘱托，远赴兰州，到国立兽医学院（现甘肃农业大学）任教。自那时以来，先后在甘肃农业大学、甘肃省草原生态研究所、兰州大学草地农业科技学院等单位从事草业科学的教学与科研工作。1952 年任讲师，1978 年由讲师破格晋升为教授。1995 年当选中国工程院院士。在甘肃农业大学工作期间，先后担任畜牧系副主任、草原系系主任，副校长。1981 年任继周创办了甘肃省草原生态研究所并担任第一任所长至 1993 年，后由甘肃省人民政府任命为名誉所长。1992 年甘肃省教育厅批准成立由甘肃农业大学草原系和甘肃省草原生态研究所共同组建的甘肃农业大学草业学院，任继周为名誉院长，继续以学术带头人、教授和博士生导师的身份领导这一集体的学术活动和研究生的培养工作。2002 年，甘肃省草原生态研究所整体并入兰州大学，成立兰州大学草地农业科技学院，任继周任名誉院长，博士生导师。

任继周的主要学术与社会兼职有中国人民政治协商会议全国委员会第五至第七届委员，国务院学位委员会学科评议组第一至第三届成员、召集人，国家自然科学基金委员会学科评审组专家，全国科协第六届委员，农业部科学技术委员会第一至第四届委员，中国草学会（即原中国草原学会）第一至第三届副理事长、第一副理事长、首席顾问，国际人与生物圈委员会中国委员会委员，国际草原学术会议 International Rangeland Congress）连续委员会成员，Journal of Arid Environments 编委，《国外畜牧学—草原与牧草》（现名《草原与草坪》）、《草业科学》、《草业学报》主编、名誉主编。

1960 年任继周领导的甘肃农业大学饲料生产教研组被评为全国文教群英会先进集体，他代表集体出席了这一盛会。1978 年被评为甘肃省科学大会先进个人，出席了全国科学大会。1991 年享受国务院特殊津贴，并被人事部批准为国家级有突出贡献的专家。1999 年获得何梁何利科技进步奖。2000 年被人事部等部委授予全国优秀农业科学工作者称号。1983 年美国草原学会授予他名誉会员称号。1988 年新西兰梅西大学（Massey University）出资设立了任继周教授奖学金，专门用以资助中、新两国农业领域内学者、学生的交流。

"齐鲁多才俊，金陵铸学风，陇上酬壮志，莽原碧草心"；"草界先驱"分别是洪绂曾教授和中国草学会为任继周院士 80 华诞的祝寿题词。题词高度概括了任继周作为我国草业科学的奠基人之一，在草业科学领域所取得的成就与贡献，以及他矢志草业、无私奉献、勇于创造的高尚品质。

一、科学研究

任继周自觉运用辩证唯物主义，在草业科学的理论与实践方面，进行了广泛而深入的研究与探索，取得了多方面的创造性成果。以第一、第二作者先后发表学术论文 200 多篇、学术专著 24 部。他主持的科研成果获国家科技进步三等奖 3 项，部、省级科技成果荣誉奖 1 项，一等奖 1 项，二等奖 3 项。在草原类型学、草原利用与改良、草原生产能力评定、草原季节畜牧业、草地农业生态系统、草坪学、草原生态化学等领域，均做出了创造性与开拓性贡献，有些分支学科系根据他本人的成果发展而成，有力地推动了我国草业科研、教育和生产的发展。90 岁后，他又积极组织编写并出版《农业伦理学史料汇编》《中国农业伦理学导论》，开创了中国农业伦理学研究的先河。

（一）创立草原的气候—土地—植被综合顺序分类法

1956 年，任继周提出了草原的综合分类法，以后与其学术集体不断完善，发展成为草原的气候—土地—植被综合顺序分类法，简称草原综合顺序分类法。

草原综合顺序分类法是在深入研究了草原的发生与发展基本规律的基础上，唯物辩证地处理了形成草原的气候、土地、生物和劳动生产各类因素在草原分类中的作用和分类指标的位置后，提出的与世界当前存在的六大类草原分类法具有明显不同特色的分类法，是我国两大草原分类法之一。它的学术特色在于：

（1）分类指标信息量大，对生产有较多的指导意义。

（2）第一级分类单位——类以水热指标划分，用以表达水分状况的草原湿润度（K）。据地理学家艾南山（1984）研究指出，草原湿润度与著名的贝利的湿润度（S）、霍尔德里奇的可能蒸散率（PER）、桑斯威特的可能蒸散（EO）、彭曼的干燥度（A），以及布迪科的辐射干燥指数（K）具备相同的功效，但草原湿润度（K）计算简单，应用更加方便。

（3）该分类法最重要的第一级分类单位是数量分类，结果客观、可靠，并可用计算机检索分类。

（4）综合顺序分类法设计的第一级分类检索图在国际上称为"Ren-Hu's Chart"，可以直观体现类的地带性和发生学关系；可以根据类在检索图中的坐标位置，确定各个类的相似或相异程度，预测它的自然特性和生产特征。

（5）它可以将全世界相互远离的各类草地—天然草地、人工草地、地带性草地、非地带性草地纳入一张图、一个分类系统之中。

草原综合顺序分类法自建立以来，已成功地应用于甘肃、宁夏、青海、新疆、内蒙古、西藏、四川、贵州等省区的草原分类。1978年，草原综合顺序分类法及其检索图获甘肃省科学大会荣誉奖，任继周为主持人，第一获奖人。1995年综合顺序分类法由其助手胡自治主持进一步改进，研究成果获1999年农业部科技进步二等奖。

（二）创造了划破草皮、改良草原的理论与实践

1958年，任继周在我国首次提出了划破草皮、改良高山草原的理论，通过试验，使改良的草原生产力提高2.5倍。1965年出版了《划破草皮改良草原》一书。划破草皮、改良高山草原的创新之处在于：在不破坏草原天然植被的前提下，以机械适度划破絮结的草皮，增加土壤的通气性和透水性，改良土壤理化特性，促进牧草的营养繁殖、天然下种和生长，从而达到提高草原生产力的目的。这是应用生态学原理改良退化草原的范例。为了将这一技术应用于占我国草原面积1/3的高山草原，任继周在20世纪60年代初积极与青海畜牧机械研究所联系，合作研制出我国第一代草原划破机——燕尾犁，进而发展为划破补播机。目前，划破草皮已成为我国甘肃、青海、四川、西藏、内蒙古等省区大规模改良草原的常规方法之一。草原划破补播与目前在新西兰、美国盛行的Direct drilling极为相似。40余年前创造的这一技术在改

良我国草原的实践中将发挥更大作用。

（三）开创划区轮牧及放牧生态学的研究

20 世纪 50 年代末，任继周最早将西方和前苏联的划区轮牧先进理论和方法全面引进我国，并在试验和实践的基础上，提出了具有我国特色的高山草原整套划区轮牧实施方案。

任继周在这一领域的贡献主要是：

（1）通过试验、宣传、推广，提高了我国草原学界对划区轮牧的认识，为在全国范围内应用这一先进技术奠定了思想及理论基础。

（2）在大量试验研究的基础上，针对我国不同草原类型，提出了划区轮牧的周期与频率、轮牧分区及其布局、划区轮牧规划、牧场轮换和轮牧分区障隔的设立等，为在我国实行划区轮牧提供了技术准备。

（3）1958 年在甘肃天祝县红疙瘩牧业村实施了全面的划区轮牧，并在生产和管理上取得了全面的成功，被评为全国先进集体，获得了国务院颁发的由周恩来总理签署的奖状。40 余年前提出的原则至今仍普遍应用于我国草原合理利用的实践。他在 20 世纪 60 年代提倡并在甘肃天祝抓喜秀龙滩建立草原围栏的实践，已在全国牧区得到重视，成为我国合理利用草原的基本措施。

任继周在 20 世纪 50 年代中期研究划区轮牧的同时，还对我国西藏羊、牦牛的划区轮牧和放牧习性进行了研究，发表了研究论文，这是我国在放牧生态学领城最早的研究成果。

（四）建立了评定草原生产能力的新指标——畜产品单位

20 世纪 60 年代末，任继周针对载畜量单位在评定草原生产力中存在的弊端，提出了畜产品单位的概念。1978 年他和助手们研究和建立了评定草原生产能力的新指标—畜产品单位（animal product unit，简称 APU）体系。畜产品单位体系是一个评价草原生产力的新概念和新尺度，它具有下列重要的科学意义。

（1）它是根据草原生态系统的理论，确定了在草原畜牧业生产中，牧草、载畜量、畜产品是不同转化阶的产品，分别反映草原的基础、中间和最终生产力，畜产品单位指标可以评价和反映草原生产最后一个转化阶的真实生产力。

（2）畜产品单位指标把家畜作为草原的生产资料与产品在属性上区分了开来，从而排除了长期存在的草原家畜头数指标在生产中造成的误差和假象，反映了草原生产的真实效率。

（3）畜产品单位是一个可换算的标准单位，从而结束了不同国家、不同时期和生产不同畜产品的草地生产力不能比较的历史。

畜产品单位指标提出后，即被我国相关的生产管理、科研、教学等部门接受应用，已为我国农业部主编的《畜牧名词术语标准》一书收录，编入了《中国大百科全书》、《中国农业百科全书》、《中国资源百科全书》等重要工具书，并被国际权威著作《世界资源：1987》引用。

（五）建立草原生态化学的理论体系

1975年，任继周带领学术集体开始了草原生态系统内能量与矿质元素循环的研究。在此基础上，为草原专业本科生开出了专业基础课——草原生态化学。经过10年的研究与教学实践，他主编了全国高等农业院校试用教材《草原生态化学》（1985），并组织编写了《草原生态化学实习实验指导书》（1987，吴自立主编），标志着这一分支学科在草业科学中的初步形成。

任继周的学术贡献主要有：

（1）确立了草原生态化学的任务是以土壤—牧草—动物为主干，以化学为手段，阐明草原生态系统中能量与矿物元素转化的规律。

（2）揭示了牧草中硒含量与草原类型间的内在关系。

（3）提出了草地硒含量水平的综合指标（grassland comprehensive criteria of Se level，简称GCCSL），用以判定牧草中硒含量的多寡。

目前，草原生态化学已是草业科学专业本科生的主要专业基础课之一。草原生态化学研究已成为草地农业生态系统研究的重要组成部分。1989年中国草原生态学会设立了草原生态化学研究组。英国CABI于2000年出版了阐明草地营养元素在土—草—畜间循环规律的著作，它的科学思路与任继周主编的《草原生态化学》极为相似。可以预见，草原生态化学研究在促进草业生产发展中将发挥日益重要的作用，学科本身在促进产业提升的同时也将得到长足发展。

（六）提出了草原季节畜牧业理论

1978年，任继周及其学术集体在对西北诸省草原畜牧业考察和草原生产流程分析研究的基础上，提出了草原季节畜牧业理论。

我国草原家畜的饲料几乎完全依靠天然草原，但在牧草的"供"与家畜的"求"之间存在着尖锐的季节性矛盾，暖季牧草利用不完，而冷季牧草供应不足，家畜在冬春枯草期多处于饥饿状态。全国每年因"春乏"而使家畜死亡及体重减轻的损失约占畜群生长量的30%。

为解决这一问题，草原季节畜牧业理论提出了下列综合措施。

（1）冷季保持最低数量的畜群，以减轻冷季牧场的压力，结合补饲，使草畜基本平衡，避免因营养不足造成的家畜损失。

（2）暖季充分利用牧草的生长优势、杂种幼畜的生长优势及杂种优势，快速育肥。

（3）冷季来临前，按计划淘汰家畜，不使其越冬（羊），或只越一个冬季（牛），当年（或18个月内）收获畜产品。

通过这些综合措施，有效地缩短了生产周期，减少了冬春损失，加强了畜群周转，使幼畜的增重尽可能转化为畜产品，提高了草原畜牧业的生产效率。

草原季节畜牧业与国外肥羔业、肉犊业有本质的不同，主要的区别在于前者着眼于在粗放管理条件下草、畜的积极的季节平衡，而后者则是不受季节条件制约的集约化商品生产。

草原季节畜牧业理论一经提出，便在全国范围内普遍得到赞同与应用，改进了我国草原畜牧业传统生产方式，大幅度地提高了我国北方牧区的生产效益，最高可使单位面积草原的畜产品增加11倍。该理论的主体被完整地纳入大型专著《中国植被》第27章——"草场植被的合理利用与草场生态系统的管理"。中央农业电影制片厂拍摄了同名影片（导演万迪基），并译为英文，介绍到国外。

1988年，以草原季节畜牧业学说为核心内容的"高山草原生态系统研究"获农业部科技进步二等奖，任教授为主持人，第一获奖人。

（七）提出了提高高山草原生产能力的综合技术措施与理论

在20世纪60年代和"文革"期间先后完成的"提高高山草原生产力的研究"和"天祝永丰滩高山草原样板田试验"的基础上，任继周及其助手们，1975年在甘肃天祝万亩草原上进行了全国科技发展计划项目"高山草原改良中间试验"，地方相关行政和生产部门也被邀请参加了中试。经过5年的努力，面积为670hm的中试基地产草量提高7.5倍，载畜量提高4.4倍，草原生产能力提高3.8倍，每百公顷草地收获2250个畜产品单位，接近发达国家的水平。

任继周的重要贡献包括：

（1）在我国最早进行了草原畜牧业现代化生产的中间试验，提出了在生产中合理利用和改良草原的一整套综合技术措施。

（2）建立了根据4月份土壤含水量状况，预测当年牧草产量的数学模型，将我国草地牧草产量的研究从规律探索推进到预测预报的更高层次。

（3）提出了冷季草地"临界贮草量"的概念，确定了中试基地草地贮草量的临界值，发展了草原培育学的理论，并为冷季草地畜牧业生产从经验型到科学型的转变提供了依据。这是我国草原学界将科研成果直接应用于大面积生产实践，又从实践中丰富和发展草原科学理论的重要尝试。该成果中提出的"临界贮草量"概念和牧草产量预测模型，至今仍对我国草业科学与生产有重要指导意义，所形成的阈值和关键生态过程的论点为草地农业生态系统评价提出了新依据。

1979年，这一科研成果获得甘肃省科技成果一等奖，任继周为主持人，第一获奖人。

（八）建立了西南岩溶地区草地—畜牧系统可持续发展的技术体系。

1981年以来，任继周在贵州率先开展了我国南方岩溶地区草地的开发研究，主持农业部"六五"重点攻关项目和国家"七五"重点攻关项目的同时，先后担任农业部"湖南、湖北、贵州三省南方草地试验示范区建设"项目技术专家组组长和联合国 UNDP 和新西兰政府资助项目"云贵高原草地农业系统的开发研究"项目的技术总裁，指导项目区各省草地畜牧业建设。"八五"开始，甘肃省草原生态研究所在这一地区的项目改由蒋文兰为第一主持人，任继周为第二主持人和国际合作项目的负责人，继续指导项目的研究工作，前后累计长达20余年。

我国西南岩溶地区，多年来"以粮为纲"，土瘦民穷，举世罕见，全国贫困人口的1/4集中于该地区。但另一方面，这一地区草地的水、热和生物资源的开发潜力明显地高于北方草地。建立西南岩溶地区草地—畜牧系统可持续发展技术体系研究的主要研究成果包括：

（1）明确了我国西南岩溶地区具备建立有特色、现代化、可持续的草地农业系统的有利条件。

（2）确定了适应长江中游和岩溶地区的牧草品种及其用于建立人工草地的适宜组合。

（3）建立了人工草地建设和退化草地恢复的技术体系。

（4）建立了人工草地—绵羊放牧系统技术与管理体系。

（5）建立了科研—示范—推广—培训四位一体的跨地域科技系统工程。

在贵州省威宁县灼圃建立的试验站—示范场—农户相结合的模式，使 460 多 hm 草地的产草量增加 11.5 倍，载畜量及羊的体重、产毛量等均达到新西兰的生产水平，农民人均收入增加 8 倍。被当时的贵州省领导称为脱贫致富的"灼圃模式"。同时，任继周开创了科技专家在数省区范围内与政府部门合作，直接指导生产，并获得显著经济、生态与社会效益的先河。

1987 年，"六五"农业部攻关项目"云贵高原退化草地的恢复与重建"获农业部科技进步二等奖，任继周为主持人，第一获奖人。1992 年，他主持的"七五"国家攻关项目专题"云贵高原区人工草地草畜试验区"作为项目的一部分，获国家科技进步三等奖，在报奖时，他自动退出评奖，将获奖机会留给年轻同志。1997 年，云贵高原草地农业研究获国家科技进步三等奖，任继周为第二获奖人。

2002 年，任继周作为主要成员，参加了国务院研究室组织的南方草地考察组，向中央提出了实施西南岩溶地区现代草业和奶业行动计划的建议，得到了国务院主要领导的批示，认为"这个建议应予以重视"，并要求国务院有关部门提出方案。

（九）建立了黄土高原区草地农业系统的发展模式

自 20 世纪 70 年代末，任继周针对我国传统农业以单一种植业为主的病态格局，致力于提高我国农业整体生产力的研究。以甘肃省草原生态研究所庆阳黄土高原试验站为依托，先后主持完成了农业部重点攻关项目"草地农业生态系统的研究与建设"、"黄土高原草地农业综合技术开发研究"、中澳合作项目"甘肃草地农业生态系统研究与发展项目"等。

任继周在这一研究领域贡献有下列各点：

（1）最早倡导把牧草与家畜充分引入黄土高原单一种植业的生态系统，以土地—植物—动物"三位一体"的综合观点研究生态系统的建设、管理与效益。

（2）提出草地农业生态系统中存在着经济效益的倒金字塔模式。在草地农业生态系统中，通过各转化阶的农学措施，价值流的增大，可使生产效益逐级放大，从而出现倒金字塔模式，为草地农业向深度发展提供了理论依据。

（3）提出了一整套调整、优化农业生产结构，控制水土流失，治理我国黄土高原，发展草地农业生态系统的技术体系。

（4）为黄土高原区树立了草地农业可行性的实体样板。庆阳黄土高原试验站的粮食播种面积减少 17%，豆科牧草种植面积增加 1.67 倍，粮食单产提高 60%，总产量提高 37%，化肥施用量减少 33%，土壤有机质含量增加 23%，牧业产值在农牧业总产值中的比例由 15.9% 上升到 56.8%，农牧业总产值增加 1.04 倍，每公顷纯收益提高 1.7 倍，水土径流量和冲刷量分别降低 88.4% 和 97.4%。西峰市什社乡下嘴村、西村等示范村牲畜增加近 3 倍，粮食总产量增加 41.4%，平均单产提高 43.3%，人均收入提高 1.6 倍。

草地农业生态系统在我国黄土高原的实践被《光明日报》等誉为"发

展农业的根本出路"。现已成为黄土高原区治理水土流失、提高系统生产力、实现可持续发展的主要途径之一。

1999 年,任继周致信甘肃省委、省政府主要领导,提出在陇东黄土高原以平凉为中心建立巨型畜牧业基地的建议,得到高度重视。平凉市委、市政府积极落实,请任继周前往指导,制订实施方案。草畜产业已成为当地发展经济的支柱产业之一。

（十）创建了草坪研发的理论与技术体系

20 世纪 80 年代初,任继周根据国内外草坪学与草坪业的现状与趋势,率领他的学术集体,开始了草坪的研究与开发,在运动场草坪、景观草坪的建植与管护,草坪草的引进与选育,草坪的质量评定等方面取得了系列成果。

我国以往对草坪学的研究,多集中于草坪草的引种评价,尚未形成自己的草坪科学理论体系,运动场草坪建植管理技术的研究几乎处于空白,基本上凭经验摸索。

该项目取得的主要成就包括:

（1）丰富和发展了我国的草坪学理论。提出了"最佳坪床结构"、"建坪的数量化决策"、"坪用价值"、"运动场草坪质量评定体系"等新概念,促进了整个学科理论体系的形成。

（2）创建了我国的运动场草坪建植与管理技术体系。根据草原类型检索图,确定了适于我国不同地区的草坪草种和品种。创建了混合直播法,建立了从坪床准备到建坪、管理等一整套具有我国特色的运动场草坪建植与管理技术。根据这一技术体系建成的北京第十一届亚运会田径主场地——国家奥林匹克体育中心运动场和全国青运会主场地——沈阳体育中心运动场,被国内外专家与教练员、运动员誉为国际一流水平,为祖国赢得了荣誉。

1991 年，该项目获农业部科技进步二等奖，1992 年获国家科技进步三等奖。任继周作为项目主持人，从提出思路、进行设计到组织实施都付出了巨大的心血与汗水。在报奖时，他却把自己的名字去掉，而代之以年轻同志。

（十一）研制出甘肃省生态建设与草业开发专家系统

1981 年以来，任继周带领学术集体，开始了草地资源监测和牧区雪灾的研究，先后完成了甘肃、青海、新疆、西藏等省区的草地资源监测及北方四省区耕地面积监测等。2000 年在甘肃省省长基金支持下，开展了"甘肃省生态建设与草业开发专家系统"的研究与开发，并于2001 年圆满完成。

该项目被誉为在生态问题研究中，成功地引入地理信息系统与其他信息技术的范例，代表了我国草业学界在该领域的水平与进展。其主要成果包括下列各点：

（1）研制了甘肃省草业开发专家系统，并发行了单机版软件光盘；建成了基于 GIS 的甘肃省生态建设与草业开发专家系统网站。

（2）依据草原综合顺序分类法及农业资源与环境地理信息空间数据库，制作出甘肃省草地类型空间分布电子地图，为指导农业结构调整、草业建设和发展提供了科学依据。

（3）在甘肃省范围内，以乡为单位，明确了当地适宜引种的牧草种类和相应的栽培及加工利用技术。

（4）研制出了甘肃省苜蓿病害诊断系统，为苜蓿病害及时防治提供了重要指导。

（5）建立了草地农业资源空间数据分析系统，提出了全省适宜退耕还草的地理分布和标准，为土地资源综合评价和开发利用提供了决策分析的新技术和新手段。

目前，该项目已拓展为国家攻关项目，正在对西部七省区进行研究。2002 年，该成果获甘肃省科技进步二等奖，任继周为项目主持人，第一获奖人。

（十二）建立了草地农业生态系统的理论体系

20 世纪 80 年代以来，任继周带领学术集体，在我国黄土高原、云贵高原、青藏高原及内陆盐渍区开展了草地农业生态系统的研究，并逐步形成了草地农业生态学的理论体系。在上述科研成果的基础上，1995 年任继周主编了《草地农业生态学》，1998 年主编了《草业科学研究方法》和《河西走廊盐渍地的生物改良与优化模式》等著作，并均已正式出版。

草地农业生态系统的理论核心与前沿包括了下列的一些理论：

（1）界面论。草地农业生态系统存在 3 个主要界面，即草丛—地境界面（界面 A），草地—动物界面（界面 B）和草畜—经营界面（界面 C）。研究界面中的一系列生态过程，是阐明系统行为特征的简捷途径。

（2）结构与功能。草地农业生态系统具有 4 个层次的生产，即前植物生产层（自然保护区、水土保持、草坪绿地、风景旅游等），植物生产层（牧草及草产品等），动物生产层（动物及其产品），后生物生产层（加工、流通等）。后生物生产层是植物、动物产品加工和流通而实现社会化的过程，其生产效益可能超过以上各个生产层的若干倍。

（3）系统耦合与系统相悖论。草地农业生态系统的 4 个生产层之间可以有条件地进行系统耦合，产生系统进化，多方面释放系统的催化潜势、位差潜势、多稳定潜势和管理潜势。系统相悖和系统耦合是一个事物的两个方面。系统相悖主要表现为空间相悖、时间相悖和种间相悖，草地退化就是草地系统相悖的综合体现，解决系统相悖的关键是建立和完善草地农业生态系统结构，促使子系统之间的耦合。

（4）草地健康评价。健康的草地生态系统服务是全价的，健康系数和有序度均为最大化，处于不健康阈值以下的生态系统，有序度和健康系数趋近于零，其服务价值自然近于零。草地基况（condition，C），草地活力（vigor，V），组织力（organization，O）和恢复力（resilience，R），即CVOR，可作为综合评价草地农业生态系统健康的体系。

《草业科学研究方法》一书的最大特色在于首次以4个生产层的体系综合介绍野外与室内的各种方法与技术。该书1999年获全国优秀图书暨科技进步二等奖。任继周为第一获奖人。《草地农业生态学》与《草业科学研究方法》的出版，标志着草地农业生态学作为草业科学一个分支学科，其理论体系和方法论的正式确定，而《河西走廊盐渍地的生物改良与优化生产模式》则丰富与发展了这一分支学科。

2002年，以钱正英院士为组长，30余位两院院士或专家参加的中国工程院西北水资源项目综合组，在向中央提出的"西北地区水资源配置、生态环境建设和可持续发展战略研究项目综合报告"中将建设草地农业系统，开展草地农业和特色农业作为我国西北地区农牧业发展的主要方向。

1984年钱学森从系统工程理论的高度，提出了发展草业系统工程的理论。与此同时，任继周基于自己的学术积累和我国实际，提出了草地农业生态系统理论。他定义了草地农业生态系统的概念，论证了草地农业生态系统的发生与发展，提出了草地农业生态系统的四个生产层，完整地论述了草地农业生态系统的结构、功能、效益评价；率领学术集体在我国不同生态区域进行了实践，建立了草地农业示范样板和技术体系；指导我国南方数省进行了大规模的实施，并取得了成功。上述有关草业的相辅相成的重要理论，使我国的草业科学思想达到了世界先进水平的新的高度。在这一科学思想的指导下，建立的技术体系、方法论和相关的示范与产业活动，促进了我国草业从畜牧业的范畴独立出来，草业的生产、科研和教学内容已从传统的土—草—畜系统，在前植物生产—植物生产—动物生产—后生物生产等四个生产层的基础上得到了很大的提升和扩展，具有和产生了牧区、农区、林区和城市等草业子系统，草业已成为与农业、林业三足鼎立的产业。

二、教学与教学研究

任继周自 1950 年执教以来，始终未脱离草业科学的教学工作，尽心尽责培育新人，桃李满天下。1957 年他应邀为农业部草原培训班系统地讲授了草原学；1958—1959 年受高等教育部委派，作为草原专家，在越南民主共和国河内农林大学讲学 1 年。"文革"之后，他主持制订了全国草原专业本科教学计划和研究生培养计划，建立新课程，出版新教材，改革教学方法，进行教学研究，在建立、发展我国草业教育方面，与草业科研一样，同样做出了巨大贡献。

（一）主持制订了第一个全国草原专业本科教学计划和研究生培养方案

1977 年 11 月，"文革"结束后不久，我国的高等教育拨乱反正，开始走上正轨，国家要求各专业制订科学的教学计划和编写出版高水平的全国通用教材。根据农业部的指示，甘肃农业大学牵头召开了全国草原专业教材会议，在任继周的主持下，通过了由他和学术集体提出的以草原调查与规划、草原培育学、草原保护学、牧草栽培学、牧草育种学等专业课为核心的草原专业教学计划，这是我国第一个全国草原专业统一教学计划，它为我国改革开放以后高等草业教育的迅速发展与保证培养质量奠定了科学基础。

1983 年与 1991 年任继周受农业部委托，两次牵头召开会议，先后制订和修订了"攻读草原科学硕士学位研究生培养方案"，制订了"攻读草原科学博士学位研究生培养的要求"。被农业部批准并颁发各高校施行，它对规范我国草原科学研究生培养工作，提高整体培养质量，起到了具有历史意义的重要作用。

（二）创建四门草原专业课程

任继周创建了我国高等农业院校畜牧专业和草原专业（草业科学专业）本科和研究生教学的四门课程，即草原学、草原调查与规划、草原生态化学和草地农业生态学。

1959 年，农业出版社出版了由任继周主编的畜牧专业教科书《草原学》，作为对中华人民共和国建国 10 周年的献礼。1961 年，该书被农业部批准为全国第一本农业院校畜牧专业统编教材，修订的二版再行出版。

1985 年，农业出版社出版了由任继周主编的第二本统编教材《草原调查与规划》。该书吸纳了许多任继周及其学术集体数十年的研究成果，具有明显的学术特色，1987 年被评为甘肃省优秀教材，并被农业出版社推荐为具有中国特色的大学教科书，建议翻译出版，向国外发行。

同年，农业出版社又出版了任继周主编的另一本统编教材《草原生态化学》。该书从草原生态系统能量流转与物质循环的角度，将土一草一畜整个过程中的能量与元素转换加以系统综合，从而创造了一个国际学术界的崭新学科，促进了草原生态系统的这一分支的研究与发展。

1980 年以来，任继周为甘肃农业大学、南京农业大学、东北师范大学等校的研究生讲授草地农业生态学，该课程 1983 年以后成为我国草原科学专业和相关专业研究生的学位课或必修课之一。在这门课程教学和研究的基础上，1995 年，中国农业出版社出版了任继周主编的草原专业和畜牧专业本科和研究生教材《草地农业生态学》。这是一本在生态系统水平上论述草地农业生态学的教材，充分地体现了任继周近 20 年在草地农业生态系统研究的新成果。

1975 年，任继周锐敏地注意到草坪学与草原学的内在联系，以及草坪在环境建设和体育竞赛中的重要作用，指派甘肃农业大学草原系教师孙吉雄做开设草坪学的准备。1983 甘肃农业大学草原系率先为本科和研究生开设了草坪学课程，并于 1989 年出版了孙吉雄主编的我国第一本《草坪学》教科书。

（三）培养了一大批研究生和学术骨干

任继周 1955 年开始在西北畜牧兽医学院培养草原学研究生，他是我国草原科学领域最早培养研究生的导师之一。1981 他被国务院学位委员会批准为首批草原学硕士生导师，1984 年被批准为我国第一位草原学博士生导师。

1966 年之前，任继周在甘肃农业大学共培养了 10 名草原学研究生，后来全部成为我国草原学界的学术骨干。1978 年恢复研究生培养制度后，他继续培养了大批研究生。其中已有 43 人被聘为草原专业高级专业技术职务，12 人已成为博士生导师，为我国草业发展培养了一批科研、教学和管理领域的骨干。

任继周在数十年的教学工作中，始终注意教学研究，改革教学方法。"草原科学硕士研究生培养"项目获 1989 年甘肃省高校优秀教学成果一等奖，"制订我国草业科学硕士研究生培养方案，出版配套教材，提高整体培养水平"项目获 2001 年国家级教学成果二等奖。

三、学科和基地建设

任继周在长期的教学科研生涯中，始终以战略家的远见卓识，积极开展学科和基地建设，在草业科研教学机构和学术刊物的创办上，取得了突出的成绩，为推动我国草业教育和科技的发展做出了巨大贡献。

（一）创办了我国第一个草原系和草业学院

1962年冬至1963年春，任继周作为草原专家参加了全国12年科技发展规划会议。为了落实其中的草原科技发展规划，根据国家科委的文件，1964年在甘肃农业大学畜牧系正式设立了草原专业并当年招生。任继周为畜牧系副主任主管草原专业。1972年，草原专业升格为独立的系，任继周任系主任，这是我国农业院校中第一个草原系，主要面向全国招生。1992年，在任继周的努力下，成立甘肃农业大学草业学院，这是我国第一个草业学院，胡自治任院长，任继周为名誉院长。

1989年，任继周创建的甘肃农业大学草原系和甘肃省草原生态研究所组建的学术集体，共同被批准为国家级草原科学重点学科点，这是我国当时惟一的草原科学重点学科点，任继周为重点学科点负责人和学术带头人。

（二）创办了我国草原生态研究所

1981年，任继周在农业部和甘肃省的大力支持下，在兰州创办了甘肃省草原生态研究所，隶属农业部及甘肃省。2001年，经农业部和甘肃省批准，加挂中国农业科学院草原生态研究所的牌子。该所面向全国，承担科研、培训和咨询、出版、科技开发等四大任务。拥有农业部牧草与草坪草种子质量监督检验测试中心（兰州）和农业部草地农业生态系统重点开放实验室，是我国草原科学领域内学术力量较强的研究所之一。在农业部组织的"七五"、"八五"期间全国农业科研单位综合能力评估中，在全国 1200 余个研究所中，分别名列第 14 和第 9 名，全国同行业第 1 名。

2002 年，在任继周的推动下，经甘肃省人民政府、农业部和教育部批准，甘肃省草原生态研究所整体并入兰州大学，成立了草地农业科技学院，成为部属综合大学中首家草业学院，同时保留并继续使用甘肃省草原生态研究所的名称。

（三）创办了 3 个专业学术刊物

创办学术期刊，利用学术期刊推动学科的发展，培养年轻人才，是任继周学科建设思想的重要组成部分。1964 年，任继周应邀为中国科技文献出版社重庆分社出版的《畜牧学文摘》主编草原牧草专栏，每期刊出自编文摘约 20 篇。当时的这个专栏，帮助了我国草业科学工作者了解国外草原科学研究和发展的概况。此后，在 1981—1990 年的 10 年中，任继周先后创办了 3 个全国公开发行的草业科学学术刊物。

1.《国外畜牧学——草原与牧草》杂志

1981 年，改革开放后的我国急需全面了解外部世界，在这种大气候条件下，经任继周争取，中国科学技术情报编译出版委员会批准，由甘肃农业大学草原系编辑出版译报类刊物《国外畜牧学——草原与牧草）》，任继周任第一任主编。该刊在 20 世纪 80 年代中期是我国草原科技信息报道量最大的杂志。2000 年该刊更名为《草原与草坪》，由胡自治教授任主编，任继周教授任名誉主编。

2.《草业科学》杂志

1984 年，任继周教授又创办了以反映我国草业科学研究成果为主的刊物《中国草原与牧草》（1989 年更名为《草业科学》）。该刊以《人民日报》1983 年 9 月 18 日的社论"种草种树，发展牧业，改造大西北"

为发刊词，鲜明地反映了办刊的立意与宗旨。该刊 1989 年被评为甘肃省优秀科技期刊，1999 年入选中国期刊评价数据库统计源期刊。根据影响因子排序，2003 年在全国畜牧兽医类期刊中排名第二。近年来，在任继周主编推动下，该刊与北京克劳沃草业技术开发中心、西部草业工程技术研究有限公司合作，实行企业化管理，走出了一条以刊养刊、更好地为草业生产服务的道路。

3.《草业学报》

20 世纪 80 年代末，我国草业科学与技术已有很大的发展和提高，针对全国草业学界需要一个高级学术交流园地的状况，任继周极力奔走，争取主管部门同意，在 1990 年创办了《草业学报》并任主编。在任继周的直接领导及全体编委和广大读者的共同努力下，《草业学报》的质量不断提高，1999 年该刊入选国家科技部"中国科技论文统计源期刊"，2002 年成为中国科学引文数据库（CSCD）核心期刊。2003 年，根据影响因子排序，该刊在全国 1534 种科技期刊中名列第八，全国畜牧兽医类期刊排名第一，被授予第二届"百种中国杰出学术期刊"。同年，该刊由季刊改为双月刊。2004 年由南志标接任主编，任继周任名誉主编。

上述 3 个学术刊物的陆续出版，使这个学术刊物系列达到完整，国内和国外，高级和中级配套，对推动我国草业整体的发展和进步起到了十分重要的作用。作为 3 个刊物的学术领导人和主编，任继周不仅把握办刊的大计方针，而且在组稿、审稿、撰稿等方面身体力行，使刊物与时俱进，不断提高与前进。

此外，任继周主编出版了包括 10 个分册、114 万字、发行 15 万册的《草业科技文库》；6 个分册、130 多万字的《西部大开发退耕还林还草技术丛书》和其他草原学术论文集等多种。

（四）创建了 7 个试验站

任继周十分注意科研联系实践，重视定位研究。针对生产中存在的重大问题，在不同的生态区域建立试验站，进行科研、示范、培训、推广，这是任继周科学研究的一大特色。50 年来，逐步形成了以试验站为中心，试验站—示范村（场）—联系户相结合的工作方法，较好地实现了理论与实践、科研与生产、科研人员与农民群众的紧密结合。

早在 1954 年，任继周就在甘肃天祝祁连山下的抓喜秀龙草原扎立帐篷，开展了草原定位研究。1956 年，正式建立了我国第一个草原定位试验站——甘肃农业大学天祝高山草原定位试验站，在这里进行了我国最早的草原科学定位研究，发表了我国第一批定位试验研究报告。该站现为甘肃农业大学草业学院的主要教学科研基地之一。1972 年由于牧草栽培学和牧草育种学教学和科研的需要，在农业部和校领导的支持下，任继周领导建立了甘肃农业大学武威牧草试验站。经过几代人 30 多年的建设，该站已建成为甘肃农业大学草业学院的另一主要教学科研基地。

1981 年，任继周将其主要精力转到甘肃省草原生态研究所以来，先后在甘肃省西峰市、贵州省威宁县、甘肃省景泰县、甘肃省临泽县、云南省曲靖市建立了 5 个永久性试验站，它们分别是庆阳黄土高原试验站、贵州高原南方草地试验站、景泰草地农业试验站、临泽草地农业试验站和云南曲靖郎目山草地农业试验站。

这些试验站，在承担重大研发项目，展示最新科研成果，培训地方政府官员、农技推广人员和农民，推广适用技术等方面发挥了无法替代的作用。拥有众多试验站，是甘肃省草原生态研究所的一大特色与优势。随着甘肃省草原生态所并入兰州大学，这些试验站在教学方面已开始发挥作用。以试验站为依托，开展研发工作的方法，得到了众多草业科技工作者的认同，试验站建设已成为有关院校及科研单位改善支撑条件的主要内容之一。

（五）建立兰太草坪公司和西部草业工程技术中心

加速科技成果转化，提高草业生产能力，在获取生态与社会效益的同时，获取经济效益，始终是任继周关注的问题。1986 年，任继周创建了"草业科技开发服务部"，主攻草坪研究与开发，1988 年组建为兰太草坪科技开发公司，这是我国国内第一个向国家注册的从事草坪的企业，成立初期他亲任董事长兼总经理，勇敢地迈出了从科研向生产转化的第一步。该公司先后承担完成或设计国内 8 个高尔夫球场，120 余个足球场草坪及 800 万 m 的绿地建设，其中承建的福建登云高尔夫球场是国内首个由中国人自主建设的球场，为祖国争取了荣誉。四川国际高尔夫球场曾被《中国高尔夫》杂志评为最佳球场。

2000 年，在甘肃省科技厅的支持与任继周的推动下，甘肃省草原生态研究所联合中国科学院寒区旱区环境与工程研究所、甘肃农业大学、中国农业科学院兰州畜牧与兽药研究所、北京克劳沃公司等单位，成立了西部草业工程技术研究中心，任继周院士与程国栋院士共同为中心的首席科学家，这是我国草业领域内首家省级工程技术中心。中心下设西部草业公司，承担了农业部耐旱牧草种子基地建设等研发任务，并在种子销售等方面取得迅速进展，已成为我国兰州以西地区最大的种子供应基地之一，推动了我国草业科技转化与草业生产的发展。

（本章内容摘自《任继周文集》第一卷）

第十三章　经济（F）

中国牛羊肉产业发展战略研究报告

作者："中国牛羊肉产业发展战略研究"项目组，任继周主编

出版发行：北京：科学出版社，2019.06

ISBN号：978-7-03-061539-8

页数：220

原书定价：128.00

开本：16开

内容提要：本书是中国工程院学部咨询项目"中国牛羊肉产业发展战略研究"的成果。该项目由任继周院士担任项目负责人，共5位院士和30多位专家参与，分为1个综合组、2个专题组与1个典型案例调研组，完成了4个研究报告，主要成果凝练成本书。本书着力于全面研究我国牛羊肉的消费需求，产业面临的国内外形势、制约因素与挑战，进而提出保障我国牛羊肉产业可持续发展与供给安全的战略建议。

目录

前言

中国草地资源、草业发展与食物安全

作者：黄季焜，任继周主编；旭日干，任继周等丛书主编

出版发行：北京：科学出版社，2017.06

ISBN 号：978-7-03-052747-9

页数：133

丛书名：中国草地生态保障与食物安全战略研究丛书

原书定价：108.00

开本：16 开

字数：168 千字

内容提要：本书针对我国草地资源、草业发展与食物安全问题开展了深入研究，分析了我国草地资源数量与质量的变化趋势并做了未来展望，阐明了草地生态保障的变化趋势和原因及面临的机遇和挑战，对畜牧业、草业发展在国家食物安全保障方面的作用开展了前景分析，提出了加强草地生态安全建设、发展农区草业、实施牧区与农区草业耦合发展等方面的政策建议。本书对农业相关的各级政府部门具有重要参考价值，同时可供科技界、教育界、企业界及社会公众等参考。

目录

《中国草地生态保障与食物安全战略研究》丛书序

前言

中国重要农业文化遗产保护与发展战略研究

作者：李文华主编；朱有勇，尹伟伦，任继周等副主编

出版发行：北京：科学出版社，2016.05

ISBN 号：978-7-03-048259-4

页数：535

原书定价：240.00

开本：16

字数：1035 千字

内容提要：本书是中国工程院重点咨询项目"中国重要农业文化遗产保护与发展战略研究"的研究成果。全书分为总论和各论两部分，总论对重要农业文化遗产的相关基本概念、国内外研究进展进行了阐述，并对种植业，林业，畜牧业、渔业、资源利用与生态保育遗产的保护与发展进行了总述。各论分为五篇，分别就种植业、林业、畜牧业、渔业等进行了深入探讨和研究。全书基本梳理了我国重要农业文化遗产的类型与模式，分析了其多重价值，揭示了重要农业文化遗产保护与发展面临的问题及其对现代农业发展的意义，并在此基础上提出了保护与发展的战略建议。本书适合从事农业研究的科研工作者、研究生和本科生参考；适合从事农业、林业、牧业、渔业等相关管理工作的从业人员参考；适合国内大中型图书馆馆藏。

中国农业系统发展史

作者：任继周主编

丛书名：中国草业跨媒体出版工程

出版发行：南京：江苏科学技术出版社，2015.09

ISBN 号：978-7-5537-2861-2

页数：586

原书定价：280.00

开本：16 开

字数：710 千字

内容提要：本书并未止于对历史事实的梳理和描述，而是倡导古为今用，以史为鉴。从"农战结合"的历史传统到"以粮为纲"的终极展示，田园农业制度在几千年的历史发展中逐渐淡出。农业发展面临诸多困难，笔者结合多年的研究成果，指出了今后我国农业系统发展的方向和对策。

目录

岩溶山区的绿色希望：中国西南岩溶地区草地畜牧业考察报告

作者：任继周，黄黔编著

出版发行：北京：科学出版社，2011.08

ISBN 号：978-7-03-032010-0

页数：428

原书定价：108.00

开本：16 开

字数：525 千字

目录

吴征镒序

徐匡迪序

任继周序

第一篇　绪论

第一章　西南草地畜牧业对我国山区牧业的启示 /3

草业大辞典

作者：任继周主编

出版发行：北京：中国农业出版社，2008.06

ISBN 号：978-7-109-12659-6

页数：1333

原书定价：49.00

开本：16 开

字数：3400 千字

内容提要：本书共收词 21000 多条，包括草业文化与草业基础学科、天然草地、栽培草地、草地保护、草地资源与环境、草类遗传育种、草坪绿地、草畜产品加工。

目录

序言

凡例

中澳技术合作甘肃草地农业系统研究与发展项目

作者：任继周主编；甘肃草原生态研究所编辑

出版发行：兰州：甘肃科学技术出版社，1994.01

ISBN 号：7-5424-0505-5

页数：146

原书定价：11

开本：16 开

字数：245 千字

内容提要：本书所收项目 60 余项，分为植被生产、畜牧生产、系统研究与示范 3 部分。

第十四章 文学（I）

草业琐谈

作者：任继周著

出版发行：北京：中国农业出版社，2009.12

ISBN 号：978-7-109-13823-0

页数：247

原书定价：49.00

开本：16 开

字数：160 千字

内容提要：本书分为 3 篇：纪人篇、纪事篇、纪言篇，内容包括：悼念钱学森先生、张爱萍将军关怀草原生态的一段往事、胡耀邦的草地农业思想、"儒官"李登瀛——给了甘肃草原生态研究所奠基性支持的人、怀念知心领导人吴俊杨同志、怀念蔡老、跨时代的草原学大家等。

第十五章 历史、地理（K）

草人诗记

作　者：任继周著

出版发行：北京：中国农业出版社，2019.03

ISBN 号：978-7-109-25291-2

页数：337

原书定价：49.00

开本：32 开

内容提要：本书以诗与记的形式，即诗在前、诗后附记写诗时的心情与环境，记录了作者从 1948—2018 年七十年工作生活的心路历程，具有明显的时代特征与探索轨迹。诗记按年代编排，一定程度上描绘了"亦余心之所善兮，虽九死其犹未悔"的老科学家群像。凝重的历史感对浏览该书的年轻一代当有所裨益。

第十六章 生物科学（Q）

河西走廊山地—绿洲—荒漠复合系统及其耦合

作者：任继周主编

出版发行：北京：科学出版社，2007.02

ISBN 号：7-03-016975-1

页数：391

原书定价：75

开本：32 开

字数：579 千字

内容提要：本书是国家自然科学基金重点项目"河西走廊山地绿洲—荒漠系统耦合机理与优化耦合模式研究"成果的总结，也是作者多年研究、实践和融会他人成果的结晶。在山地—绿洲—荒漠复合系统中，主要进行了景观组分划分和景观异质性分析。在山地系统中，阐述了其生态特征、类型及演变、高山草地—甘肃马鹿山地放牧系统及管理。在绿洲系统中，着重就绿洲系统的发生与发展，盐渍化草地抗盐植物的生理生态特征、综合改良与可持续利用，绿洲在复合系统中的地位、作用与发展对策等作了阐述。在荒漠系统中，就景观格局与地境特征、生物多样性，生态系统类型、生产力、生态功能、系统受损与环境恶化、系统保育和区域生态安全等进行了论述。在耦合系统的优化模式与评价中，介绍了系统耦合的类型、模式、潜力和作用机制、与系统相悖的关系及其评价。本书可作为草业科学、农学、林学、资环等领域科技人员和管理人员及相关专业师生的重要参考书。

目录

第十七章　农业科学（S）

中国农业伦理学导论

作者：任继周主编

出版发行：北京：中国农业出版社，2018.12

ISBN 号：978-7-109-24476-4

页数：319

原书定价：160.00

内容提要：本书分四篇，时之维、地之维、度之维、法之维。内容包括：时在中国农业文化中的特殊含义农业伦理学的时序观；史前时期的农业伦理观；历史时期的农业伦理观特征；当代后工业化时期的农业伦理观构建等。

中国草业发展保障体系研究

作者：张自和，盖钧镒主编；旭日干，任继周等丛书主编

丛书名：中国草地生态保障与食物安全战略研究丛书

出版发行：北京：科学出版社，2017.06

ISBN 号：978-7-03-053018-9

页数：155

原书定价：80.00

开本：16

字数：197 千字

内容提要：本书是在大量收集资料、实地调查、反复研讨，综合凝练多年研究成果，并借鉴国外经验的基础上，将草业科技、教育和法制作为草业发展保障体系的主要内容，就其进行了系统的现状与问题分析，未来预测与发展构想，提出了战略对策与重大项目建议。书中内容丰富，观点新颖，资料翔实，具有很强的概括性、创新性和指导性。本书可供农业、环保、生态等专业的高等院校和科研院所师生及相关专业的管理人员和从业者参考使用。

中国草原的生态功能研究

作者：李建东，方精云主编；旭日干，任继周等丛书主编

丛书名：中国草原的生态功能研究

出版发行：北京：科学出版社，2017.03

ISBN 号：7-03-051625-1

页数：335

原书定价：80.00

开本：16

字数：197 千字

内容提要：本书在多年的调研和野外现场调查的基础上，阐明了草原固碳、水土保持、防风固沙、涵养水分、生物多样性保护、生态文明旅游等多方面的生态功能。根据人类活动对生态功能的影响和当前存在的主要问题，提出了今后加强生态建设的途径措施和建立草原保护红线等政策建议。

中国农业伦理学史料汇编

作者：任继周主编

出版发行：江苏凤凰科学技术出版社，2015.04

ISBN 号：7-5537-3884-0

页数：395

原书定价：130.00

开本：16 开

字数：350 千字

内容提要：在草业科学教学和科学研究中，笔者常把生态系统科学作为生物科学的哲学。它从根本上求解生态系统生存过程的基本道理，判断生物界的是与非。但自然科学的是与非没有解除笔者作为一个草地农业学者的困惑。农学是以农业生产为目的的人为干预的生态系统科学。正确的农业应该遵循自然生态系统的基本原则，通过农业措施来取得产品，输送给社会。伦理学是农业生态系统的哲学升华。

这本汇编共收集中国农业伦理史料 686 条。为了使用方便，分为十一大类，即农政类、营农类、时宜类、地宜类、耕植类、染养类、蚕桑类、护生类、生民类、民族类和祭祀类。其中民族类，是上述各个类别以外，我国少数民族的有关农业伦理的史料汇集。每一类都附有简短按语，对本类内涵给以简介。

目录

世纪草业的求索与守望　任继周选集

作者：任继周著

出版发行：南京：江苏科学技术出版社，2015.03

ISBN 号：978-7-5537-1274-1

页数：585

原书定价：280.00

开本：16

字数：730 千字

内容提要：本书的主要内容包括：我们永远的榜样—纪念王栋先生诞辰一百周年、钱学森先生草业思想的形成与发展、藏羊群自由放牧与分区轮牧的观察研究等。主编细心积累国内外草业书刊资料，尤其是关注草业的社会实践，并通过多年的草业研究，把最新观点和成果呈现出来。

草业科学概论

作者：任继周主编

丛书名：兰州大学草业科学研究生创新教育系列丛书

出版发行：北京：科学出版社，2014.01

ISBN 号：978-7-03-041869-2

页数：907

原书定价：138.00

开本：16 开

字数：1360 千字

内容提要：本书根据草业科学的 3 类因子群（生物因子群、非生物因子群、社会因子群）、3 个主要界面（植物—地境界面、草地动物界面、草畜—市场界面）和 4 个生产层（前植物生产层、植物生产层、动物生产层、后生物生产层）的理论框架，对草业科学的体系进行了全面总结和系统梳理，揭示了草业科学发生发展的脉络，展示了草业科学的全貌及当前草业科学研究的现状。同时，本书针对生产实践的需求，对草业中某些重要的具体问题进行了深入分析，并提出了可操作性的技术方法。本书通过具体问题的分析，说明了草业科学的应用前景和未来发展方向。本书涵盖了从草地资源到草地农业生产全过程的理论和技术，可供从事草业科学和畜牧学等研究领域的科研人员，以及相关领域的技术人员、管理人员和从业者参考使用，也可作为高等院校和科研院所的研究生教材或教学参考书。

新疆人工绿洲建设、盐碱地改良与农林牧业可持续发展

作者：石玉林主编；王立新，马履一，任继周副主编

出版发行：北京：中国水利水电出版社，2013.11

ISBN 号：978-7-5170-1431-7

页数：329

丛书名：中国工程院重大咨询目·新疆可持续发展中有关水资源的战略研究

原书定价：86.00

开本：16 开

字数：398 千字

内容提要："新疆可持续发展中有关水资源的战略研究"是中国工程院重大咨询项目。本书是该项目研究报告，重点研究了新疆人工绿洲建设、盐碱地改良与农林牧业可持续发展。全书分综合报告和专题报告，共 10 篇报告。报告在实地调研和科学分析的基础上，研究分析了新疆绿洲的状况与绿洲生态系统的稳定性，探讨了绿洲的合理规模，提出了新疆农业结构调整方向、规模和布局，指出了新疆绿洲建设的途径，对新疆农业可持续发展模式提出了建议，数据翔实，评价客观，具有较好的战略指导意义。本书对相关区域的职能管理决策部门具有重要参考价值，也可供科研人员和高等院校相关专业师生参考使用。

草业科学论纲

作者：任继周著

出版发行：南京：江苏科学技术出版社，2012.12

ISBN 号：978-7-5345-9358-1

页数：414

原书定价：136.60

开本：16 开

字数：450 千字

内容提要：本书是任继周院士多年来研究教学凝练而成的草业学科纲领性著作，意义重大。草业科学属于交叉学科，如何找准它的研究内容，定位研究方向，突出研究重点而不埋没在相邻学科之中，本书给出了指导。

任继周文集 – 第 1 卷　草原合理利用与草原类型

作者：任继周著

出版发行：北京：中国农业出版社，2004.10

ISBN 号：7-109-09270-4

页数：552

原书定价：128.00

开本：16 开

字数：820 千字

内容提要：本卷共收录了作者 1950 至 1965 年单独署名或作为第一作者的论文 25 篇，著作、讲义等 7 部。主要包括草原调查及其类型研究、草原改良利用、草原划区轮牧等方面的内容。

任继周文集 – 第 2 卷　草原生产力与草地农业系统

作者：任继周著

出版发行：北京：中国农业出版社，2005.12

ISBN 号：7-109-10707-8

页数：289

原书定价：135

开本：16 开

字数：873 千字

内容提要：本卷收录了论文 32 篇，学术报告 23 篇，著作 6 部。本卷收录了一组"高山草原改良中间试验"的研究报告，以及大量关于在西北黄土高原和南方岩溶地区发展草地农业的学术报告与论著等。

任继周文集 – 第 3 卷　草业系统耦合与生态生产力

作者：任继周著

出版发行：北京：中国农业出版社，2007.12

ISBN 号：978-7-109-12455-4

页数：502

原书定价：118.00

开本：16 开

字数：750 千字

内容提要：本书收录了任继周院士 1986 至 2000 年单独署名或作为执笔人的论文 50 篇、项目报告 5 篇、参编著作 2 章、讲话稿 2 篇。

任继周文集 – 第 4 卷　食物安全与草地农业

作者：任继周著

出版发行：北京：中国农业出版社，2015

ISBN 号：978-7-109-20134-7

内容提要：本书收录了任继周院士 2000—2013 年公开发表的学术论文 60 余篇，对草地农业的理论进行了分析，提出草业科学多维结构理论，阐释了草地农业的结构和功能，完善了草业科学的框架结构。此外，对草业科学的教育体系（包括高等教育和职业教育）也进行了全面论述。

任继周文集 – 第5卷　草地学和草原调查规划

作者：任继周著

出版发行：北京：中国农业出版社，2009

ISBN 号：978-7-109-16960-9

内容提要：本卷包括《草原学》和《草原调查与规划》两部分，收有草原学基础、草原培育与人工饲料基地的建立，放牧等内容。

任继周文集 – 第6卷　草原生态化学和草地农业生态学

作者：任继周著

出版发行：北京：中国农业出版社，2011.06

ISBN 号：978-7-109-15631-9

页数：369

原书定价：100.00元

开本：16 开

字数：546 千字

内容提要：本书主要介绍了地球上的热分布及其在植物体中的固定、能量在动物体内的转化与积累、水在草原生态系统中的循环与利用、草地农业生态系统的非生物亚系统、草地农业生态系统的生物亚系统、草地农业力能学及其效应等。

任继周文集 – 第7卷　河西走廊山地—绿洲—荒漠复合系统

作者：任继周著

出版发行：北京：中国农业出版社，2018.05

ISBN 号：978-7-109-23903-6

原书定价：150.00

开本：16 开

内容提要：本书深入探讨了草地农业生态系统发生的历史过程时代背景，剖析了我国草地农业发生和发展的历史必然性，在此基础上，系统构建了草地农业生态系统学的科学体系。可供草业科学、农学、林学、资源管理学等各专业师生教学研究和行政管理部门参考使用。

任继周文集 – 第 8 卷　草业科学研究方法

作者：任继周

出版发行：北京：中国农业出版社，2018.08

ISBN 号：978-7-109-24469-6

页数：479

原书定价：200.00

开本：16 开

内容提要：全书总共十九个章节，是任继周院士多年来有关草业科学的研究方法。内容包括：草地植被特征、草地改良利用、牧草育种、牧草品质评定、牧草种子质量评定、草地遥感技术等的全面介绍。文中有大量数据资料可供参考使用。

任继周文集 – 第 9 卷　草地农业生态系统通论

作者：任继周主编

出版发行：北京：中国农业出版社，2018

ISBN 号：978-7-109-23903-6

页数：486

原书定价：150.00

内容提要：本书完整地提出了草地农业生态系统的理论，初步揭示了我国农业的核心问题是农业系统的结构缺失和功能不全，指出未来我国农业的发展必须要进行结构性的调整。

草地农业生态系统通论

作者：任继周主编

出版发行：合肥：安徽教育出版社，2004.11

ISBN 号：7-5336-3982-0

页数：583

原书定价：86.00

开本：16 开

字数：820 千字

内容提要：本书首次提出了草地农业生态学理论与技术，构建了草地农业生态系统的科学体系。草地农业生态系统是对天然草地生态系统农业化，将各生态系统要素重新组合，建立新型生产农业的一项系统工程。

草地农业生态系统通论

作者：任继周主编

出版发行：合肥：安徽教育出版社，2004.05

ISBN 号：978-7-533-63982-2

页数：582

原书定价：86.00

开本：16 开

字数：820 千字

草业与西部大开发

作者：洪绂曾，任继周主编

出版发行：北京：中国农业出版社，2001

ISBN 号：7-109-06867-6

页数：281

原书定价：30.00

开本：16 开

内容提要：本书收有"牧草种子生产的地域性"、"我国牧草种子生产的研究进展"、"放牧强度对植物生物学特性的影响研究"、"中国西部草地退化现状与可持续发展研究"等论文。

河西走廊盐渍地的生物改良与优化生产模式

作者：任继周，朱兴运主编

丛书名：北方草地优化生态模式研究系列专著

出版发行：北京：科学出版社，1998.10

ISBN 号：7-03-006350-3

页数：191

原书定价：32.00 元

开本：16 开

字数：271 千字

内容提要：本书为国家自然科学基金重大项目"建立中国北方草地主要类型优化生态模式"第四子课题——河西走廊荒漠绿洲交错区草地培育优化生态模式研究成果的专著。书中介绍了河西走廊农牧业生产结构；临泽生态试验区的生态背景；河西走廊盐渍化草地土壤类型及特征；河西走廊盐渍化草地的主要植被类型及草地初级生产力；河西走廊主要抗盐植物的生理生态特征；河西走廊盐渍草地的生物改良；河西荒漠绿洲草地农业系统的特征及生产模式的探索等内容。

本书可供草地生态、植物生产、自然地理、草地保护和管理、农业生态与生产科学和土壤改良等方面的科研、教学，生产管理与决策人员，基层科技人员，大专院校师生参考。

草业科学研究方法

作者：任继周主编

出版发行：北京：中国农业出版社，1998.02

ISBN 号：7-109-04950-7

页数：441

原书定价：68.50

开本：16 开

字数：660 千字

内容提要：《草业科学研究方法》是在草原科学研究方法的基础上发展起来的。它具有较为深厚的科学背景。但是作为独立的，草业科学的方法论的体现，却是与草业科学同样年轻，还不够成熟，更说不上完善。尽管如此，从本质上说，仍然如其他科学与它们各自的方法论专著一样，涵蕴着草业科学的特色与精华。

草地农业生态学

作者：任继周主编

出版发行：北京：中国农业出版社，1995.05

ISBN 号：7-109-02963-8

页数：182

原书定价：$7.00

开本：16 开

内容提要：草地农业生态学是农学的一个分支。它研究草地资源的各种非生物因素（如气候、土地等），生物因素（如动物、植物、微生物）和社会生产劳动因素之间的相互关系，着重探讨在一定水热条件下，以土壤—植物—动物这一能量，元素转化系统为主干的基本规律，并运用这一规律在保持草地资源不受破坏的同时，不断提高其整体农业生产效益。

英汉农业词典 草原学分册

作者：任继周主编

出版发行：北京：农业出版社，1995.02

ISBN 号：16144·2986

页数：337

原书定价：2.50

开本：32 开

字数：390 千字

内容提要：全书共收与草原专业有关的词目 12,400 条，都是在阅读、校审、翻译和教学中积累起来的，其中从其他词书上难以查到的词目约占三分之一强，多数加了简明注释。对我国的草原科技工作者有较高的使用价值。

中国南方草地畜牧业学术讨论会论文集

作者：任继周主编；甘肃草原生态研究所编辑

页数：158

出版发行：兰州：甘肃科学技术出版社，1993.03

ISBN 号：7-5424-0454-7

页数：158

原书定价：$15

开本：16 开

内容提要：本书共收有关论文 23 篇，分编为主旨发言、学术报告、讨论 3 部分。

黄土高原农业系统国际学术会议论文集

作者：任继周主编；甘肃草原生态研究所编辑

出版发行：兰州：甘肃科学技术出版社，1992.11

ISBN 号：7-5424-0433-4

页数：383

原书定价：$18.10

开本：16 开

内容提要：英文题名：Proceedings international conference on far-ming systems on the Loess Plateau of China：分为综合论述、农业系统研究、作物生产系统、牧草生产系统、林业生产系统、家畜生产系统、农林牧结合、水土保持系统等 9 部分，收论文 74 篇。

英汉农业缩略语词典

作者：任继周等编

出版发行：北京：农业出版社，1992.04

ISBN 号：7-109-01400-2

页数：670

原书定价：36.90

开本：32 开

字数：792 千字

内容提要：本书集录常用农业缩略语 2 万 2 千余条。包括农业各学科的科技术语及各国农业组织名称，英文农业书刊文献中常见的一般缩略语。所收词条以英文为主，部分为法、德、西、俄、波、拉丁等文种。

第一届全国草原生态学讨论会文集

作者：任继周主编；甘肃草原生态研究所编

出版发行：甘肃草原生态研究所，1984

页数：216

草原第二性生产力的评定

作者：任继周，周寿荣编

出版发行：1982

页数：49

划破草皮改良草原

作者：任继周编著

出版发行：兰州：甘肃民族出版社，1965

页数：14

原书定价：0.09

开本：32 开

关于高山草原的调查研究

作者：任继周编著

出版发行：畜牧兽医图书出版社，1957.07

ISBN 号：16101·180

页数：84

原书定价：30.00

皇城滩和大马营草原调查报告

作者：任继周执笔

出版发行：南京：兽医图书出版社，1954.04

页数：55

原书定价：30.00

字数：33 千字

内容提要：1951 年夏，西北畜牧兽医学院为提高学生对于草原和牧草方面的知识，培养学生从事草原调查的能力，特约南京农学院畜牧兽系教授王栋先生前来西北，由畜牧系师生组成了调查队，由王栋教授率领，在河西走廊的皇城滩和大马营两处作了一次草原调查。调查计划曾经得到前西北军政委员畜牧部的批准和资助，并派员协同进行工作。调查工作结束后，在王栋教授指导下，由牧草学讲师任继周同志执笔写成这篇报告，因为经过兰州—西安—南京之间的辗转寄递、反覆修改和多次审核，所以延至1954年才得付印出版。

第十八章 水利工程（TV）

渔洞水库水资源保护研究与应用

作者：代堂刚，任继周，舒远华等著

出版发行：北京：中国水利水电出版社，2015.06

ISBN 号：978-7-5170-3533-6

页数：172

原书定价：39.00

开本：16

字数：267 千字

内容提要：本书在收集整理相关资料的基础上，对渔洞水库水源区水文情势进行分析和预测，结合水质监测资料对水源区水环境现状进行评价，运用水质模型对水源区各入库河流与水库水体的逐月环境容量进行计算，利用 SWAT 模型模拟了变化环境下水源区水文响应机理，基于 AHP 模糊综合评价模型对水源区的脆弱性进行评价，以此为基础，提出了水源区及水库相关的水资源水环境保护与治理措施。

本书可供从事水文水资源，环境科学、环境生态水文学等学科研究的科研人员以及从事水资源保护、水土保持及环境保护的技术人员阅读参考。

西北地区农牧业可持续发展与节水战略

作者：钱正英主编；任继周，唐华俊（卷）主编

丛书名：西北地区水资源配置生态环境建设和可持续发展战略研究：

农牧业卷

出版发行：北京：科学出版社，2004.04

ISBN 号：7-03-012669-6

页数：265

原书定价：57.00

开本：16 开

字数：288 千字

参考文献

【1】中国藏学年鉴编辑委员会编.中国藏学年鉴2009［M］.北京：中国藏学出版社，2011.05.

【2】任继周著.任继周文集 第1卷 草原合理利用与草原类型［M］.北京：中国农业出版社， 2004.10.